貧しい日本の年金の実態、これで良いのか

世界で23位——中国と韓国の間

夏野弘司・芝宮忠美・渡辺穎助

本の泉社

本文イラスト
辻ノリコ

はじめに

1　高齢者世帯の1世帯あたりの年金額平均は月16万7000円

年金者は、年金で生活をしています。この当たり前のことが年年できなくなってきているのです。原因は明らかに政府の年金削減政策にあります。

政府の社会保障に対する考えは「社会保障を家族相互及び国民相互の助け合いの仕組み」としています。

公的年金制度は、国民だけが負担して国民相互を支える制度ではありません。国の負担と経済界、大企業、大資産家が力相応の負担をして支えるべき制度なのです。

ところで、厚生労働省が発表した平成27年国民生活基礎調査によると、平成27年6月4日現在における全国の世帯総数は５０３６万1千世帯となっています。

この内、高齢者世帯は１２７１万４千世帯で全世帯の25・２％となっています。

この場合の高齢者世帯とは、国は「65歳以上の者のみで構成するか、又はこれに18歳未満の未婚の者が加わった世帯をいう」としています。

世帯の生活意識をみると、「苦しい」（「大変苦しい」と「やや苦しい」）が60・3％、「普通」が37・7％となっていて「苦しい」の割合は上昇傾向となっています。

各種世帯でみると、全世帯で60・3％が「苦しい」としているのに対して「高齢者世帯」が58％となっています。

所得については、公的年金・恩給を受ている高齢者世帯の1世帯あたりの平均所得金額は200万6000円（月167，166円）です。高齢者世帯のなかで総所得に占める割合が100％の世帯が55％となっています。

これでは生活が出来なのが実態です。労働力人口に占める高齢者の比率は上昇していて2015（平成27）年の労働力人口6，598万人のうち高齢者は744万人（11・3％）となり、労働力人口総数に占める65歳以上の者の比率大きく上昇しています。

2　政府は財源がないと言うが

政府は財源がないと必ず言いますが「社会保障に回すお金がない」のであることは明白です。安倍首相は第2次内閣発足以後40回の「海外出張」をしました。旅費88億円を使ってです。そして、行った先々で莫大な援助資金を与えています。合計50兆円を超える金額です。

たとえばミャンマーに農村開発支援1250億円、イギリス原発に1兆円の資金援助。

次に防衛費は5兆円を超えました。年金など社会保障費は削減し医療・介護料は増額しています。防衛費については、1976年に三木内閣が国民総生産（GDP）の1％以内に抑える方針を閣議決定しました。その後1987年度予算で1％を超えたことがありますが、それを除けば1％弱で推移してきました。

安倍内閣は「社会保障予算を削って軍事費」といわれても仕方がないです。国の予算については、後章で説明します。

さらに国の借金は1000兆円を超えましたが、この分も私たちが払っているのです。

3　年金削減は今後さらに厳しくなる

年金削減はどのように行われてきたか、本書では25％の年金削減を実行した1986（昭和61）年4月施行の基礎年金創設、そして2004（平成16）年4月施行の「100年安心年金」とは何だったのか。100年間年金積立金を維持しながら年金を支払っていく、100年後に年金積立金を1年分残すというもので、「マクロ経済スライド」システムを導入しました。

これは年金の「自動制限装置」で、物価や賃金が変動して年金額を引き上げるときに少子高齢化を理由に0・9%削減するというものです。たとえば本来ならば1%年金を引き上げるところを、0・1%にしてしまうということをきめたのです。そうすれば「100年安心」としたのです。

しかし、5年後の2009年の財政検証ですでに崩壊していることが明らかになったのです。

これらのことを紹介するなかで、いかに政府の「年金改革」が年金者の生活を基礎においていないかを明らかにし、さらに今後はどうなっていくのか見ることにします。

4　現行の年金制度・企業年金の問題点

公的年金制度のほか企業年金の問題点などを明らかにします。

とくに企業年金はもともと企業が退職金を一度に払うと資金が大変なので分割して支払うという発想から生まれました。

つまり年金化して支払うようになったのです。したがって退職金は「賃金の後払い」であるのに対して企業年金は「退職金の後払い」なのです。退職するときに退職金全額又は一部を貰わずに年金で貰うようにしたところ、後日企業が「積立てておいたお金がなくなった」ので払えない、という事態が生まれ問題になっているのです。

5　年金積立金

いま現役の人たちが毎月払っている年金保険料は、自分が将来受ける年金のための貯金みたいなものだ、いや違う今のお年寄りの年金を払うためだ、少子高齢化の世の中で現役世代は高齢者を養えなくなってきているようだが年金制度はもつのか、こんな話を良く聞きます。さらに年金積立金はどうなっているのかなど疑問がいっぱいです。分かりやすく説明することにします。

6　最低保障年金制度の創設と道筋を展望する

生存権保障としての最低保障年金制度の創設と道筋を分かりやすく説明します。

25年加入期間がないと一銭ももらえない、こんな理不尽なことが日本の年金制度なのです。かつては「保険料分は返しましょう」ということで退職一時金（共済年金）や脱退手当金（厚生年金）がもらえました。

今年9月から10年あれば年金をもらえるようになりましたが、加入期間の長短にかかわらずヨーロッパなみに最低保障年金制度がどうしても必要です。

それは無理というならば、保険料の掛捨てはやめて当面加入期間に相当する年金を支払うようにすべきでしょう。脱退手当金の復活が求められます。

年金積立金142，7兆円（2015年3月末。時価）・（薄価は114，5兆円）を活用するなどすれば、できないことはありません。

もくじ

第1章　年金制度

年金制度の種類は次の通りです。

1　公的年金制度

（1）厚生年金。民間に勤めている人が対象です。
（2）国民年金。自営業の人が対象です。
（3）共済年金。公務員や公立・私立学校に勤めている人が対象です。

以上は公的年金制度といわれ、被保険者・組合員になるには一定の条件がありその条件を満たせば、必ず加入しなければなりません。

なお、共済年金は2015（平成27）年10月に厚生年金に統合されました。共済年金は、それぞれ職域の中で組織された被用者年金制度で厚生年金にはない3階部分の職域年金がありました。統合によってそれがなくなりました。

それに代わってできたのが「退職等年金給付の制度」です。企業年金と同じような考え

で仕組まれています。

給付内容は、年金の半分は終身年金と有期年金に分けられます。

有期年金は、10年又は20年支給を選択。

一時金として支給を受ける選択も可能。

2　私的年金

厚生年金基金などは私的年金と言われています。

次のような種類があります。

厚生年金基金―　厚生年金とセット。
①企業が単独
②関連企業が連合
③総合（健保保険組合などの組織母体）で設立する3形態がある。
いずれにしても厚生年金の報酬比例部分（2階部分）を代行して運用益を出したり加算部分を上乗せする。

なお、企業年金については第2章で詳しく説明します。

公的年金制度などとの関係は、次の図のようになります。

図１　年金制度の体系（企業年金連合会ホームページより）

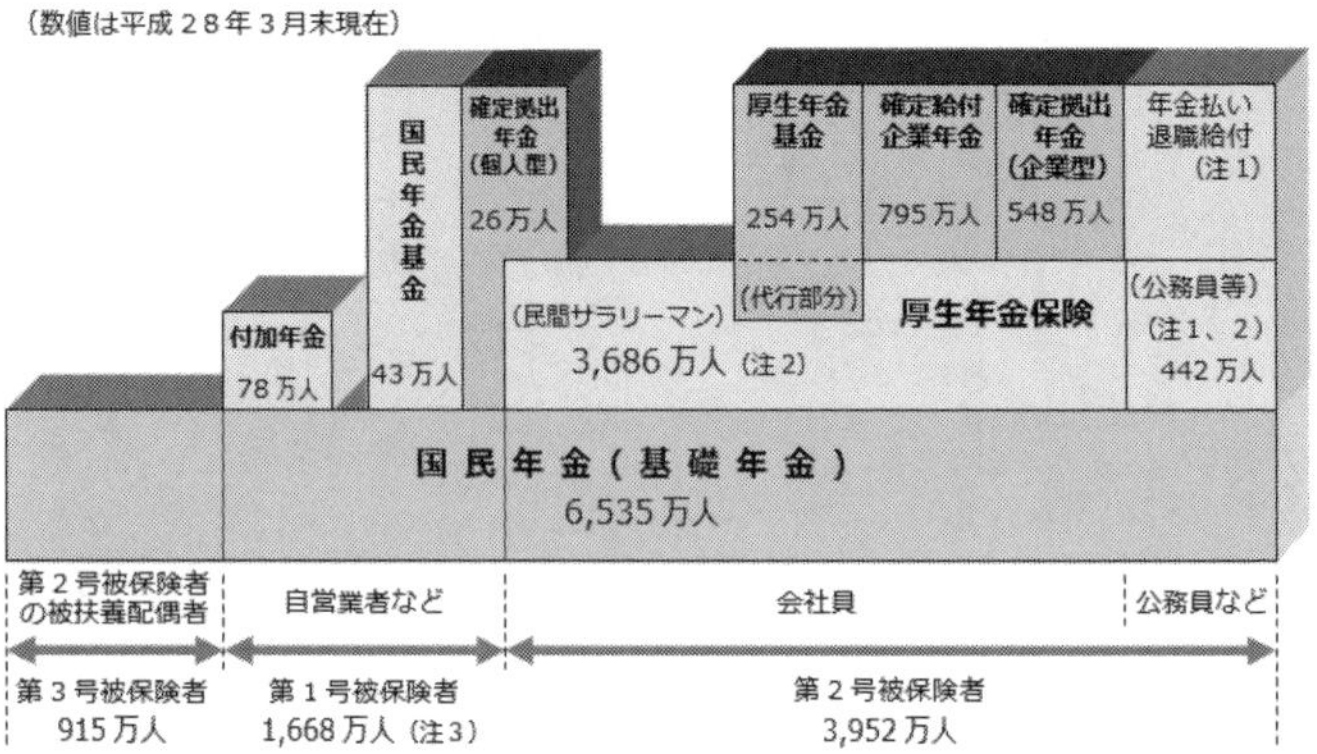

注記1	被用者年金制度の一元化に伴い、平成27年10月1日から公務員および私学教職員も厚生年金保険に加入。また、共済年金の職域加算部分は廃止され、新たに年金払い退職給付が創設。ただし、平成27年9月30日までの共済年金に加入していた期間分については、平成27年10月以後においても、加入期間に応じた職域加算部分を支給。
注記2	厚生年金被保険者には、65歳以上で老齢または退職を支給事由とする年金給付の受給権を有する者が含まれる。
注記3	第1号被保険者には、任意加入被保険者を含む。
資料：	国民年金（基礎年金）被保険者数および厚生年金被保険者数は、厚生労働省「第72回社会保障審議会年金数理部会　資料」および「第73回社会保障審議会年金数理部会 資料」、付加年金保険料納付被保険者数は、厚生労働省「事業月報 厚生年金保険・国民年金事業状況　平成28年3月」、国民年金基金加入員数は、国民年金基金連合会ホームページ、確定拠出年金（企業型・個人型）加入者数は、厚生労働省「確定拠出年金の施行状況」、厚生年金基金加入員数および確定給付企業年金加入者数は、一般社団法人生命保険協会・一般社団法人信託協会・全国共済農業協同組合連合会「企業年金の受託概況（平成28年3月末現在）」）

3階部分 【企業年金】	厚生年金基金	企業が従業員と給付の内容を約束し、高齢期において従業員がその内容に基づいた給付を受けることができる確定給付型の企業年金制度の一つ。企業や業界団体等が厚生労働大臣の認可を受けて設立する法人である厚生年金基金が、年金資産を管理・運用して年金給付を行う。国の年金給付のうち老齢厚生年金の一部を代行するとともに、厚生年金基金独自の上乗せ（プラスアルファ）を行うもの。
	確定給付企業年金	企業が従業員と給付の内容を約束し、高齢期において従業員がその内容に基づいた給付を受けることができる確定給付型の企業年金制度であり、企業等が厚生労働大臣の認可を受けて法人（企業年金基金）を設立する「基金型」と、労使合意の年金規約を企業等が作成し、厚生労働大臣の承認を受けて実施する「規約型」がある。基金型は企業年金基金、規約型は企業等が、年金資産を管理・運用して年金給付を行う。
	確定拠出年金	企業等・個人が拠出した掛金は個人ごとに明確に区分され、掛金と個人の運用指図による運用収益との合計額が給付額となる企業年金制度であり、従業員のために企業等が規約を作成し、厚生労働大臣の承認を受けて実施する「企業型」がある。この他に、会社員に限らず、自営業者や専業主婦等でも加入できる「個人型」（国民年金基金連合会が実施）がある（平成29年1月より改正）。
2階部分 【被用者年金】	厚生年金保険	民間企業で働く従業員、公務員および私立学校の教職員で70歳未満の者が対象であり、基礎年金の上乗せとして報酬比例年金を支給する。
1階部分 【基礎年金】	国民年金	日本国内に住所を有する20歳以上60歳未満の者全員が対象。被保険者の種類によって第1号被保険者、第2号被保険者、第3号被保険者の3種類に区別される。

　このほか、自営業者や農業者には、基礎年金を補完し上乗せ給付を行う制度として、国民年金の付加年金や国民年金基金、農業者年金等がある。

第2章　年金の歴史

次に年金の歴史と問題点等について見てみます。

1　恩給制度

（1）明治8（1875）年に陸海軍恩給制度創設

明治17年に「官吏恩給令」が発令され、明治23年「軍人恩給法」と「官吏恩給法」が制定されました。

国のために働く軍人と官吏のため、つまり天皇のために働く軍人、臣民をまず優遇したものだと言えます。

●恩給法上の公務員

（1）一般文官

ア　文官（官にある者）〔最短恩給年限17年〕

イ　教育職員（公立学校等の職員）〔最短恩給年限17年〕

ウ　警察監獄職員（警部補以下、副看守長以下、消防士補以下の者）〔最短恩給年限12年〕

エ　待遇職員（形式的には官吏ではないが判任官以上の待遇を受ける者のうち、恩給法令によりとくに指定したもの。たとえば、神宮司庁職員、地方道路技師等）

（2）旧軍人（兵～大将）

●旧令共済組合

日本が朝鮮、台湾を植民地にしたとき、軍部で働く人がいました。軍属といって兵隊ではない人達です。陸軍で見れば二等兵は恩給対象者で軍で働いている従業員は軍属で共済年金対象者でした。この共済年金を旧令共済年金といいます。

天皇のために働いていても官吏・軍人と軍属は区別したのです。

・陸軍共済組合
・海軍共済組合
・朝鮮総督府逓信官署共済組合
・朝鮮総督府交通局共済組合

・台湾総督府専売局共済組合
・台湾総督府営林共済組合
・台湾総督府交通局逓信共済組合
・台湾総督府交通局鉄道共済組合

以上の旧令共済年金の加入者はいろいろな特例があります。現在は生存者が少なくなりましたが、一時は年金相談の事例が多くありました。

事例。昭和17年6月から同20年8月までの期間は厚生年金の被保険者期間とみなされます。ただし、年金額の計算では、報酬比例部分の計算の基礎には含めず、定額部分のみに反映されます。

2　公務員共済組合

昭和34（１９５９）年恩給から国家公務員共済組合に
地方公務員は昭和37年から

3　厚生年金

昭和14（1939）年に、まず船員保険法ができました。日本が中国・朝鮮に侵略している戦時体制下で船員を確保するために災害保険も含む制度が施行されました。昭和16（1941）年に「労働者年金保険法」が制定され1942（昭和17）年1月に労働者年金保険法ができました。施行は6月。

昭和19（1944）年には適用範囲を男子事務員と女子労働者にまで拡大し、名称も「厚生年金保険法」に改められました。戦費調達が目的でした。

戦時下にあってこの制度が生まれた背景は何でしょうか。

それはドイツのヒットラーが実施した年金資金の活用方法にヒントを得た当時の役人が、日本でもそういうのをできないかと考え、政府と一体となって労働者年金保険を作ったのです。今でもドイツに行きますとアウトバーンという高速道路があります。そこはガードレールはないのですね。いざというときに飛行機が発着できるようにしたのです。

日本の場合は労働者の賃金からの強制貯金（保険料の名の下に）、そしてその資金を戦費にまわすのが狙いでした。

厚生省という役所は、戦争遂行のために内務省から分轄してできたのです。同省の役割は年金制度のほかに健康保険制度創設があります。

強い丈夫な兵隊をつくるために、昭和13年4月に国民健康保険制度が公布されました。前記、厚生省の創設は軍部の強い要望もあり、昭和13年1月にできました。

つまり、労働者・国民から戦費を収奪し兵隊を作りだし無謀な戦争に突入していったのです。社会保障は常に戦争に利用される、ということがいえます。

戦後、新憲法のもと厚生年金は社会保障として再出発をしました。

「50年勧告」

1950（昭和25）年10月16日社会保障制度審議会会長（大内兵衛）が社会保障制度について、内閣総理大臣吉田　茂あてに勧告しました。いわゆる「50年勧告」です。

勧告の冒頭で

―日本国憲法第25条は、（1）「すべて国民は健康で文化的な最低限度の生活を営む権利を有する。」（2）「国は、すべての生活部面について社会福祉、社会保障及び公衆衛生の向上及び増進に努めなければならない。」と規定している。

これは国民には生存権があり、国家には生活保障の義務があるという意である。―と述べています。

勧告は大変長文なのですべてを紹介できませんが、一部抜粋して見ますと

「いわゆる社会保障制度とは、疾病、負傷、分娩、廃疾、死亡、老齢、失業、多子その他困窮の原因に対し、保険的方法又は直接公の負担において経済保障の途を講じ、生活困窮に陥った者に対しては、国家扶助によって最低限度の生活を保障するとともに、公衆衛生及び社会福祉の向上を図り、もってすべての国民が文化的社会の成員たるに値する生活を営むことができるようにすることをいうのである。」と述べているように憲法第25条を具体的に実現するような内容になっています。

勧告の実施はされず

しかし、勧告は実施されませんでした。

昭和25年10月16日は1950（昭和25）年6月に勃発した朝鮮戦争の直後でした。

そのころの日本は、下山・三鷹・松川事件などの謀略事件が発生し労働運動も分裂状態、そしてレッドパージもあり大変な時代でした。

「政府はこの勧告の実施を完全に無視し、また、棚上げにしたばかりでなく、社会保障の分野における後退策を露骨にとりはじめたのである。」法政大学教授であった吉田秀夫氏はこのように述べています。（新版社会保障、その理論・歴史・動向—労働旬報社）

4　企業年金

民間企業の退職年金の最古のものとして、大正３年に実施された三井商店の「使用人恩給内規」があります。これは勤続満30年以上の退職者および25年以上30年未満の会社都合退職者に一時金と合わせて終身年金を支払うことを決めたものです。公務員恩給にならったものです。戦後昭和27年の十条製紙、三菱電機などの企業年金制度は新しい退職給与の形態として注目されました。

その後、退職年金は企業の都合や労働者の要望に応え、国が制度として認め、現在の企業年金へと進化していきました。

昭和37年には税制適格退職年金、昭和41年には厚生年金基金が出来上がりました。

これ以前にも、中小企業だけが加入できる中小企業退職金共済制度（昭和34年）も作られました。この制度は税制適格退職年金や厚生年金基金とは違い、退職金の支払い方法は原則「一時払い」です。しかし、現在では一定の条件を満たした社員の希望によっては「分割払い」として年金のように受け取るしくみもできました。

（1）厚生年金基金解散による受給権侵害は許されない

２０１３（平成25）年６月19日、厚生年金基金制度の見直しを柱とした年金制度改正法（「公的年金制度の健全性及び信頼性確保のための厚生年金保険法の一部を改正する法律」）が成立し、平成26年４月１日より施行されました。これにより基金は解散を余儀なくされ多くの問題が発生しています。平成26年４月１日以降、厚生年金基金の新規設立は認められていません。（同４月から５年間の時限措置として基金の解散時の納付方法などの特例あり）

「企業年金の受給権を守る連絡会」は２００４年に発足しましたが、厚生年金基金解散により受給権が侵害されることになり、受給権者は同会に参加して受給権を守るために運動をしています。

【1】平成26年4月1日以降に解散した基金

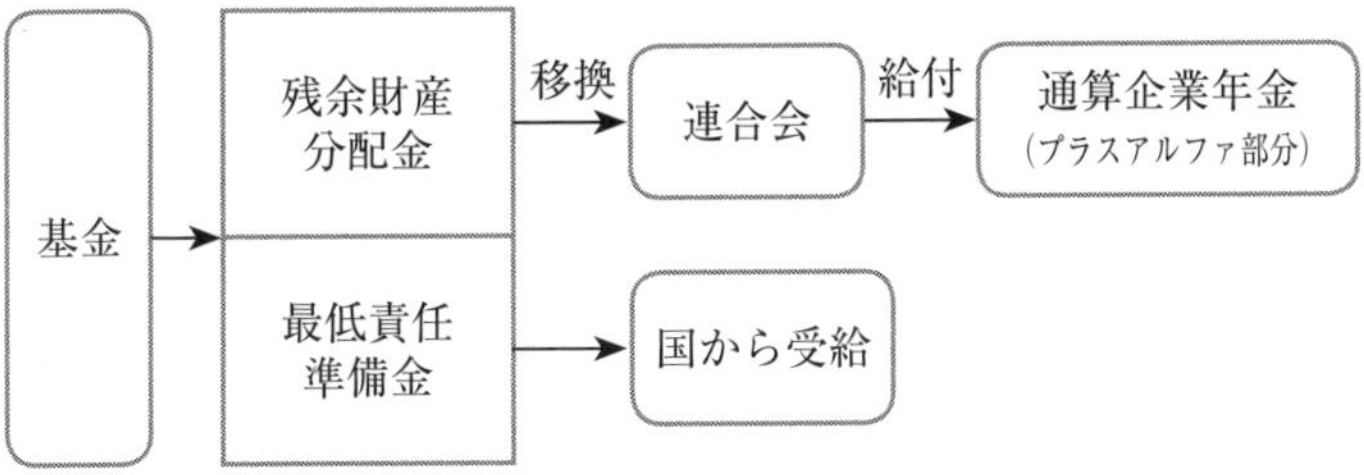

【2】平成26年3月31日以前に解散した基金

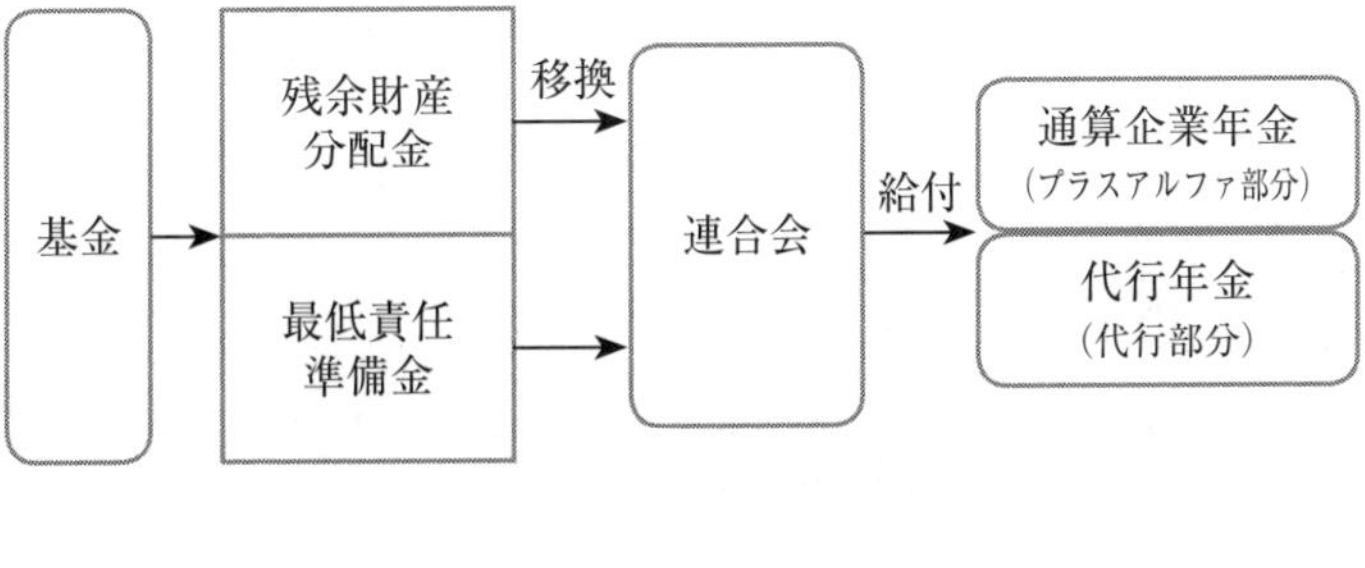

(2) 確定拠出年金やリスク分担型企業年金は安全か

①政府は少子高齢化を理由に公的年金は企業年金や個人年金の拡充が必要だといいながら、企業年金は企業側の責任を軽減し、加入者・受給者に責任を負わせています。

確定企業年金（Defined Benefit plan — DB）は基本的に年金積立金に不足が生じたことによる掛金負担のリスクは企業が負い、確定拠出年金（Defined Contribution plan — DC）は従業員等が負っていました。

ところが、リスク分担型企業年金は、ＤＢとＤＣ両方の性質を持ち将来発生するリスク相当額を企業と従業員等で分担する確定企業年金です。

厚生労働省はホームページなどで、確定拠出年金は「公的年金にプラスして給付を受けられる私的年金の１つです。国民年金や厚生年金と組み合わせることで、より豊かな老後生活を送るための一助となります」といいますが、２０１７年1月から確定拠出年金制度が改定され、今まで加入できなかった専業主婦（第3号被保険者）や公務員そして企業年金加入者の一部も、個人型ＤＣに加入できることになりました。

②制度には、企業型と個人型があり、大企業などでは早くから企業型が導入され、個人型は今まで主に自営業者など国民年金加入者の制度でした。

企業型は企業が掛金を拠出し、個人型は個人が掛金を拠出し、自分で掛金を運用して将来の老後の年金を自己責任で準備せよという制度であり、数年前の統計では、加入者の半数以上が運用に失敗し元本割れとなっていました。

これも数年前の事例ですが、ある大手電機メーカーの工場労働者が59歳で死亡し、企業型ＤＣの資産管理機関の信託銀行から死亡一時金の支払い通知が届いた内容によると、掛金拠出額約２００万円ですが死亡一時金は約１２０万円となっていました、ＤＣ加入時から死亡時までの期間の運用損失が約80万円となっていたことになります。

③政府は少子高齢化により公的年金は先細りせざるを得ないので、企業年金や個人年金の拡充が必要だといいながら、企業年金は企業側の責任を軽減し、加入者・受給者に責任を負わせる「リスク分担型企業年金」やＤＣ年金の個人型加入対象者を拡大するなど、国や企業が責任を持たない加入者の自己責任で将来の年金を準備させるようなことを国民に押し付けようとしています。

④いま、厚労省や国民年金基金連合会のホームページやテレビ番組などでも個人型確定拠出年金の制度周知のため iDeCo（イデコ）という愛称を設けて盛んに加入のメリットをＰＲしています。

企業年金のない中小企業の社員などにも、銀行や保険会社など金融機関の職員が同年金の説明をし、加入を勧誘しています。掛金が全額所得控除されることや運用益も非課税、受取るときも「公的年金等控除」や一時金の場合は「退職所得控除」の対象となるなどの加入のメリットを盛んに強調していますが、掛金運用の金融商品選択によっては運用リスクの負担や運営管理機関や金融機関などへの手数料負担も大きい、そして一度加入すると60歳までは中途で払出すことはできず、老後の年金はあくまでも不確実であり、加入者自身の自助努力にかかっているDC制度です。

60歳前の加入対象となる人には、銀行など金融機関による勧誘も多くなると思われますが、十分注意するに越したことはありません。

⑤私たち「企業年金の受給権を守る連絡会」では、立ち上げ当時から企業年金の受給権保護と支払保証制度の法制化を訴えて運動してきました。

わが国では企業年金の受給権保護の法律が不明確です。我が国の多くの企業年金は賃金の後払いである退職金を原資として設計されています。それなのにいくつかの企業で企業や基金の財政状況や運用が予定通りにならないためなどの理由で受給者の給付減額が強行され裁判などもありましたが、明確な受給権保護の法律がないため多くのところで敗訴しています。

⑥また、政府は１９９７（平成９）年厚労省局長通達で、企業や基金の運営が厳しくなった場合、受給者の三分の二以上の同意があれば減額を認めるとされています。このこと

が悪用されて大学年金など私的年金の分野まで受給者の年金減額が強行されています。現在法政大学の受給者減額に対して裁判で争っています。

法政大学裁判の経過等について

以下のとうりです。

1、法政大学年金受給権確認等請求事件として、２０１２年9月10日に東京地方裁判所に提訴しました。提訴にあたっては２０１０年10月２日「法政大学年金受給権・保全と減額阻止訴訟原告団結成準備会」を発足させました。その後、２０１２年２月６日に「法政大学裁判の会」の総会を開き提訴を決定しました。

2、裁判は23回開かれ、２０１７年３月27日が東京地裁での最終弁論となりました。そして、同年７月６日13時15分に判決が出され棄却されました。控訴して闘っています。

２０１２年９月10日に東京地裁に提訴したときの訴状によりますと、請求の原因は次のようになっています。

概要

―１　本件は、被告において独自に設けられ、50年にわたって運営されてきた法政大学年金制度において、２０１１年４月から、原告ら受給者の退職年金及び遺族年金の額を、受給者本人の同意なく減額した被告の措置が、受給者の具体的権利を一方的に奪うもので、違法・無効であり、原告らは依然として、減額前の年金を受給しうる地位にあることの確認等を求めるものである。

2 すなわち、被告は2011年4月から10年間で段階的に年金額の6~12%を削減することを決定した。しかし、原告らの年金受給権は、原告等が被告法政大学に長年月、あるいは生涯をかけて勤続し、貢献してきた過去の労働に対する後払い賃金であると同時に、その勤続と貢献の代償として得たかけがえのない老後の生活資金であり、確定した具体的権利である。しかも法政大学年金制度においては、年金基金の不足額は被告において拠出すべき責任が定められている。その不足を長年放置してきた被告の責任は大きく、それによる年金財政の悪化を年金の減額として原告ら受給者に転嫁することは許されない。かかる本件年金減額措置は、その必要性・合理性を欠き、無効たるを免れず、老後の生活と福祉は守られなければならない。—

以上、簡単ですが紹介します。

⑦企業が倒産したり基金が解散した場合でも、年金受給者の年金が保護される支払保証

制度が必要です。確定給付企業年金法が議論された時、確定給付というからには万一の時も年金額を保障するという制度を米国のエリサ法を参考に導入すべきという意見が多数を占めたが財界の横やりが入り実現されませんでした。しかし確定給付企業年金法の成立時に衆参両院で付帯決議がなされ「支払保証制度については、企業年金の加入者及び受給者の受給権保護を図る観点から、モラールハザードの回避などに留意しつつ、引き続き検討を加えること」とされていますが、それから10年以上たっていますが、全く検討する気配がありません。今後今まで以上に声を大きくして運動を拡げる必要を痛感しています。

企業年金の受給権を守る連絡会・代表世話人（社会保険労務士）夏野弘司

エリサ法（ERISA）は、

アメリカ合衆国において、１９７４年に制定された、従業員給付制度（企業年金制度や福利厚生制度）の設計や運営を統一的に規定する連邦法（Employee Retirement Income Security Act：従業員退職所得保障法）のことをいいます。これは、制度に加入している従業員の受給権を保護することを最大の目的としており、具体的には、（１）加入員や行政サイドに対する情報開示、（２）制度への加入資格や受給権付与の最低基準、（３）年金資産の最低積立基準の設定、（４）制度の管理・運営者の受託者責任、（５）制度終了保険、などが規定されています。

一般にエリサ法は、世界の企業年金法のモデルとして、常に各国の企業年金関係者に注目されており、これまでに１９８７年の完全積立基準（非継続基準の導入）の大改正を含む大小の改正を繰り返してきました。そして、２００６年には、巨大年金基金の終了に伴う年金給付保証公社（PBGC）の財政悪化問題やキャッシュバランスプランの法的問題、４０１（k）制度をめぐるエンロン事件などを解決するために、より厳格化された歴史的な大改正が行われ、これを「新エリサ法」と呼ぶこともあります。

「企業年金の受給権を守る連絡会」にご参加ください

厚生年金基金法改定により、解散や代行返上の方針を代議員会で議決する基金が急増しています。

厚労省年金局の公表によると、5月末現在で519基金のうち、解散の方針を決めた基金が236基金、代行返上の方針を決めた基金が41基金となっており、記録整理等具体的な作業を始めています。

また、2013年3月末において厚生年金基金に参加する事業所数は11万あり、基金の加入員数は426万人で、受給者数は293万人と公表されています。

政府は少子高齢化のもとで、公的年金は先細りせざるをえないので、老後の所得保障は企業年金や私的年金で補完してもらいたい。そのため企業年金等の育成が重要だなどと国会答弁などで述べていますが、今回のAIJ事件を契機に厚生年金基金制度廃止の方向を強め、積立不足（代行割れ）の基金は強制的に5年以内の解散が決められました。

社会保障制度審議会の議論のなかでも、基金参加企業の存続問題等が中心で、加入者、受給者の年金受給権については、ほとんど議論されていません。

最近の年金相談会でも、何人かの相談者から、基金解散のお知らせが届いたが、今後自分の年金はどうなるのか、この問題の責任はどこにあるのかなどや、上乗せ年金がなくなることへの不安や怒りの声が寄せられています。

公的年金が毎年減額され続けられるもとで、基金解散により上乗せ年金がゼロになってしまうのです。

このような年金生活者の生存権を脅かすような年金削減に黙っているわけにはいきません。公的年金の引き下げに反対するとともに基金解散による受給権侵害に反対する運動を進めましょう。

私たち「企業年金の受給権を守る連絡会」は受給権を守るため、ホームページでの広報活動、勉強会、相談対応、裁判支援、各基金受給者有志の交流などを進めながら、企業年金の受給権保護と支払保証制度の法制化を要求して活動しています。個人での参加も歓迎します。

基金解散により受給権が侵害されたことに怒りや不満をお持ちの方は、ぜひ下記の「企業年金の受給権を守る連絡会」へご連絡ください。

―企業年金の受給権を守る連絡会―

http://www.ki-nennkin.info/kigyounenkin/welcom/welcom.htmi

代表世話人（社会保険労務士）夏野弘司

（問合せ）事務局（木村）TEL ／ fax 03-3902-2189 E メール kimura-f@ma.kitanet.ne.jp

第３章　これまでの改革の経過

前章で年金の歴史をみてきましたが、その歴史を大きく変えたのが１９８６（昭和61）年４月施行された基礎年金制度の創設です。

ここでは「これまでの改革の経過」として、１９８６（昭和61）年４月に施行された年金改悪以降から今日までの改悪内容の経過を見て行きます。

（1）１９８６（昭和61）年４月

主として、年金額の大幅削減が行われました。

現在の基礎年金制度が創設されました。その際、詐欺的な年金削減が行われました。次のとうりです。

それまで国民年金25年加入で月４万８０５０円、40年加入で７万６８７５円だったのを40年加入で年60万円（月５万円）にしてしまったのです。

５万円について

総理府統局「昭和54年全国消費実態調査報告」をもとに算出。

具体的には次のとうり。

65歳以上の単身・夫65歳以上妻60歳以上の世帯の消費支出および基礎的支出がどうなっているかを調査してそこから老齢基礎年金５万円を決めた。

	65歳以上の単身世帯	夫65歳以上妻60歳以上の世帯
消費支出	８万４８８１円	15万５１１６円
基礎的支出	４万７６０１円	８万３７３３円
老齢基礎年金	５万円	10万円

基礎的支出とは消費支出から雑費を除いた食料費、住居費、光熱費、被服費の合計です。

その雑費を基礎的支出から除いたものが「基礎的費目と考えれば59年度価格４万７６０１円になり消費支出全体の56・１％の割合になる」次に昭和59年の厚生年金の国民生活実態調査等も参考にして「単身で年60万円、夫婦で年１２０万円はおおむね老後の所得の半分程度は保障しうるものである。—当時の年金局長山口新一郎氏。」という考えで老齢基礎年金は月５万円をきめたのです。


しかし、おかしな話しですね。第一に雑費を除いたことです。この場合の雑費とは教養娯楽費、交通通信費、保健医療費、交際費などです。第二に老後の所得の半分程度は保障しうるということはなにを意味するのか。

教養娯楽、保健医療費は除かれたうえ後どうしろというのかこれほど冷酷な「年金改革」はないではありませんか。

厚生年金はどうなったか

厚生年金はどうでしょうか。

「標準的な給付水準―モデル年金」（昭和59年度価格）で見た場合、改革前は月173，100円（平均的な加入期間32年）だったのを、40年加入（20年後には40年になるという見込みで40年を設定）で176，200円にしました。〔老齢基礎年金が夫婦で10万円。夫の厚生年金が7万6，200円。妻は40年間専業。〕大幅な削減です。

(2) 1989（平成元）年

学生の国民年金への強制加入

国民年金基金の創設

鉄道共済年金の「赤字」を他共済年金が援助する財政調整を導入

（3）1994（平成6）年
年金の定額部分（1階部分）を貰い始める年齢を65歳に引き伸ばす
保険料の大幅値上げ。失業給付を受ける間は年金は停止
（4）1996（平成8）年
JR、JT、NTT共済年金を厚生年金に統合
（5）2000年（平成12）年
年金の報酬部分（2階部分）を5％削減し、貰い始める年齢を65歳に引き伸ばす。
（6）2004（平成16）年
以上、年金削減等の改革が行われ100年安心年金といわれた改革が施行されました。

100年安心年金とは

ア、このときの年金改革は「保険料固定方式」「マクロ経済スライド」の名のもとに、保険料負担を増大させ、給付額を「自動切下げ」させる制度改革でした。

保険料は毎年上げていって2017（平成29）年度以降は厚生年金は18・3／1000国民年金は1万6900円で固定するという内容です。そうすれば100年間は安心というのです。

2014年は物価2・7％、賃金上昇率は2・3％。

これまでなら低いほうの賃金伸び率にあわせて改定するため、2・3％が本来の改定率でした。

しかし、「マクロ経済スライド」が適用されて0・9％が差し引かれ、さらに過去の物価下落時に引き下げなかった分を取り戻すとして0・5％を差し引いた結果、2・3％－（0・9％＋0・5％）＝0・9％の引き上げにとどまりました。

イ、所得代替率は50％を上回る水準を確保

所得代替率は現役時代の所得と年金時代の所得の関係がどうなるかをあらわした言葉です。現役時代の平均所得の50％を上回るものとする、としました。

そして2023年度以降は50・2％になるとして、その前提は運用利回り4・1％、賃

金上昇率２・５％、国民年金保険料納付率80％と定めました。

「１９８６（昭和61）年４月」改革の時、所得代替率は、「68％という現在の水準は将来ともおおむね維持する」としましたが、まったく整合性がありません。

また、当時も現在もそうですが、運用利回り４・１％、賃金上昇率２・５％というのはまったく的外れの数字なのです。

ウ、安全効率的な年金積立金の運用

グリーンピア業務や住宅融資業務を廃止し運用業務に特化するため特殊法人「年金資金運用基金」を廃止し「年金積立金管理運用独立行政法人」を創設また年金福祉施設については保険料を投入せず売却をする。そして「安全効率的な年金積立金の運用」にするというのですが、この意味はそれまでは積立金は年金積立金管理運用独立行政法人が管理運用をしていて、多大な損失を出し世間を騒がしたことの反省からであると考えます。

具体的に見ることにします。

（1）年金積立金管理運用独立行政法人における市場運用約73％が債権で残りが株式運用でした。２００７（平成19）年度でみるとその合計が91兆３，０７３億円です。

（2）財投債の引受け

これは財政投融資のため財政投融資特別会計国債（財投債）は、日本国債の一種で、財政投融資の資金を債券発行により調達します。通常の国債と違い国債の発行によって調達された資金が財政融資資金の貸付けの財源となります。（財政投融資特別会計の財源となる。）

年金積立金が引受けた額は同年28兆5，794兆円です。

財投債特別会計はこの資金を主として特殊法人に融資します。

（3）財政融資資金への預託

旧大蔵省資金運用部で管理していた年金積立金が償還されてきて2009年3月が償還期限でしたからすでに終えています。

ところで、（2）の財政融資資金特別会計にある年金積立金からの公庫・公団などへの融資が結局不良債権化していました。

公団などは融資を受けたわけですから返さなければなりません。

1999（平成11）年現在特殊法人に融資された金額は187，8兆円です。

このうち59兆7000億円が不良債権との指摘があります。

（日本医師会総合政策研究機構の「公的年金積立金の運用実態の研究」から）

たとえば特殊法人である道路公団が年金からの融資資金で四国に渡る橋を作ったが赤字で返せなくなったというようなことを想像してみるとわかります。せいぜい利子は何とか

「年金特別会計」に返還するがこの利子ももとは私たちの税金だとしたら私たちは2重3重の負担をしていることになるのです。

２００３年度現在で調べた結果は年金積立金の2／3が不良債権化していてその額は、97兆８０００億円です。

グリーンピア（大型規模保養施設）及び年金住宅融資事業の廃止に伴い、財政融資資金からの借入金を一括償還しました。

グリーンピアの建設費総額は約１９００億円でした。「年金積立金を食いつぶす施設、機能不全に陥る年金住宅融資。そして中央官庁の天下り、年金積立金からのグリーンピア支援は２５００億円を超え」（朝日新聞２００２．６．15付け朝刊）とまで新聞等で言われました。とくにグリーンピアはバナナの叩き売りのように売り出されました。

だいぶ古い話ですが、初代の年金保険課長（花澤武夫氏）が昭和六十一年四月一日厚生年金保険制度の回顧座談会で次のように述べています。

「この膨大な資金の運用です。ね。何十兆円もあるから、一流の銀行だってかなわない。これを財団とかを作って、その理事長というのは、日銀の総裁ぐらいの力がある。そうすると厚生省の連中のＯＢになった時の勤め口に困らない。何千人だって大丈夫だと。

それから、その次に、年金を支給するには二十年もかかるのだから、その間、何もしないで待っているという馬鹿馬鹿しいことを言っていたら間に合わない。戦争中でもなんでも福祉施設でもやらなければならない。そのためにはすぐに団体を作って、政府のやる福祉施設を肩代わりする。年金保険の掛金を直接持ってきて運営すれば、年金を払うのは先のことだから、いまのうちにどんどん使ってしまっても構わない。将来みんなに支払うときに金が払えなくなったら賦課式にしてしまえばいいのだから、それまでの間にせっせと使ってしまえ。それで昭和十八年十一月に厚生団を作ったのです。」と。

（厚生団はその後廃止。）

この話をグリーンピアに当てはめると「なるほど」と頷けます。

（7） 5年後の2009年2月に行った財政検証で「100年安心年金」破綻

「100年安心年金」は100年間、年金積立金を有効に使いながら100年後は1年分の積立金があれば良いという計画でした。

「100年安心年金」の前提条件として、出生率をどう見るかという問題もありました。政権担当の自民党や公明党が出したデータは国立社会保障・人口問題研究所推計（『日本の将来推計人口』平成14年1月推計）でした。

そこでは2002年に1、32の実績が07年度にいったん1、30までに下がるが、それが長期的に（２０５０年）１、39に改善すること（基準ケース：中位推計）を前提としていました。

少子化改善ケース（２０５０年１、52）、低位推計（１、10）も試算したが、基準はあくまでも中位推計です。

ところが、２００３年度では１、29（正確には１、２９０５）まで下がりました。これは年金改革法案の審議中に明るみになっていたのだが、審議への悪影響を考えた当局はあえて隠蔽したのです。

２００４年度もほぼ１、29であるが、厳密には前年を下回っていました。

この間の出生率の低下は、最低と見込んだ２００７年度に１、30さえも割り込んでいる現状で、年金改革を推進した自民党や公明党は、この中位推計に依存して「１００年安心論」を展開してきたのです。出生率の推計だけでもこのような現状であり、前述した賃金上昇率、物価上昇率、運用利回りも仮定の話で、そのようになる保障は何もないのです。

年金積立金の問題もあります。財政検証で１００年近い将来までの年金積立金の運用利回りを４・１％を前提にして当面、毎年１６６兆円ぐらいで推移していくと見ていました。

しかし結果は２００６年１４９兆円。07年１３８兆円。08年１２３兆円。09年１２８兆円、10年１２１兆円、11年１１９兆円、12年１２６兆円、13年１３２兆円、14年１４５兆円、そして直近の2015年は142兆円です。以上時価ですが、簿価でも時価でも「毎年166兆円」とはかなり開きがあります。

年金積立金を当面増やしながらマクロ経済を利用しながら年金額は増やさない、その後緩やかに年金積立金を減らしていって100年後に給付額の1年分を残すというのが「100年安心年金」の考え方なのですので、そうするためにはどうしたら良いのかといえば、財政検証の時に経済前提になる基礎数字を前述したように高く掲げないといけなかったのだと思います。

だとすると、積立方式とそう違いがないということもできます。

いずれにしても「100年安心年金」は破綻していることが分かります。

このことからいえることは、第一に年金積立金を年金者・被保険者のために有効活用すること第2にマクロ経済という年金額自動削減装置を取り外しかつての物価スライド・賃金スライドに戻しそのことによって年金者の購買力を促進し個人消費を高め経済成長につなげるようにすることです。

140兆円の年金積立金があるのになぜ賦課方式

多くの年金者は、いま受けている年金は現役時代に払った保険料・掛金が元になっていると思っています。そのために積立金があると信じています。現役世代の人たちの多くも、将来自分が年金をもらうために保険料を払っていると思っています。中には「いまの年金支払いのため」と言う人もいます。

さて、今の年金制度はサラリーマン、自営業者などの現役世代が保険料を支払い、その保険料で高齢者世代に年金を給付するという「世代間扶養」の仕組みとなっています。そして「将来、現役世代が年金を受給する世代になったときには、その時の現役世代の保険料が年金に充てられることになります（自分が積み立てた保険料が将来年金として戻ってくる仕組みではありません。）

つまり財政方式は積立方式ではなく賦課方式なのです。ここで多くの人が疑問に思うことは、「それならばなぜ１４０兆円もの年金積立金があるのか」ということです。ヨーロッパでも賦課方式ですが積立金は年金支払額の1年分ぐらいです。日本の場合27年度で厚生年金の支払額（給付金）が23兆円です。年金積立金は１０７兆円（簿価）なので5年分です。

これを年金積立金管理運用独立行政法人（ＧＰＩＦ）が管理運用しています。

図３　運用資産額・構成割合（年金積立金全体）

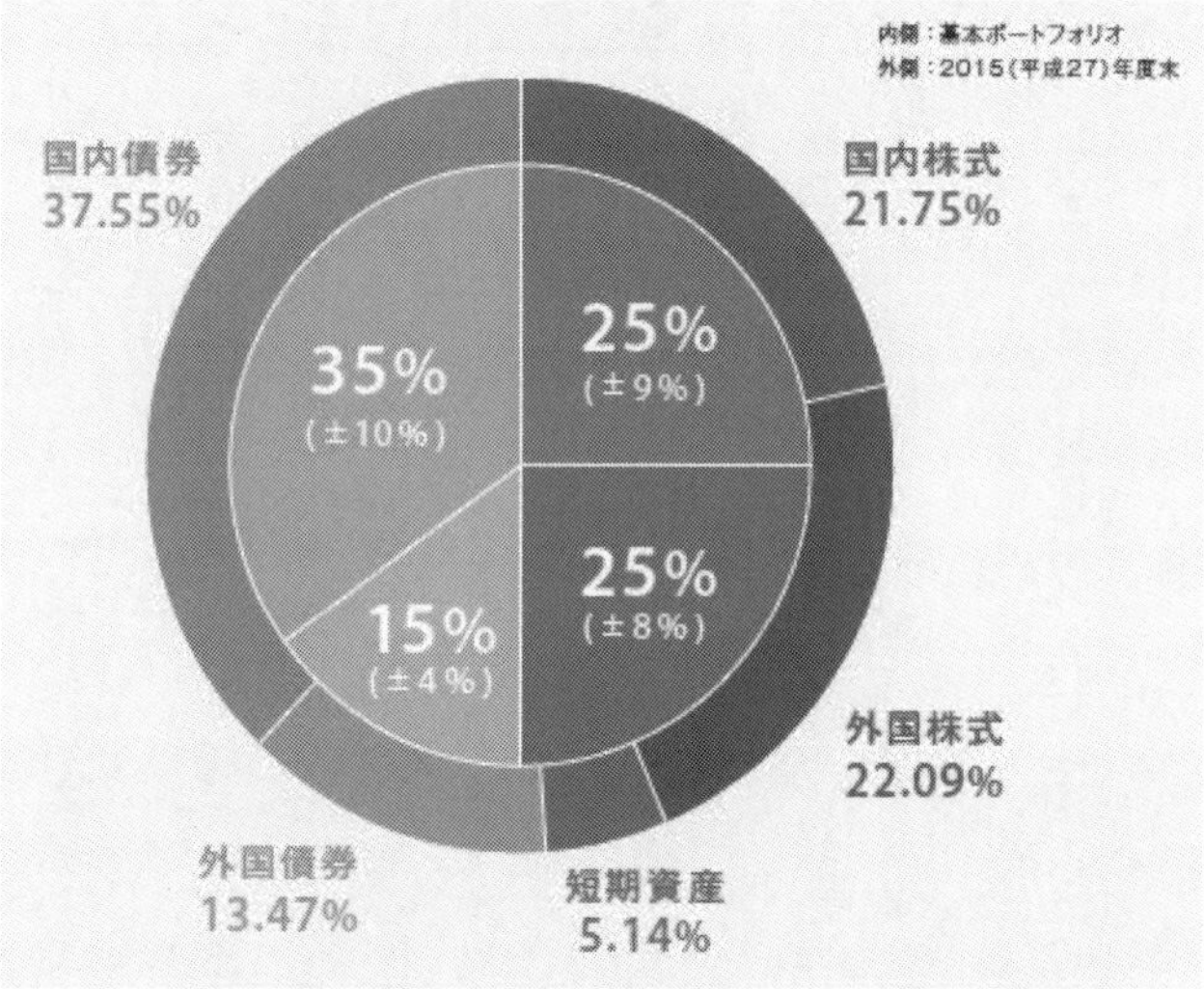

		資産額(億円)	構成割合	基本ポートフォリオ	乖離
国内債券		528,010	37.55%	35%(±10%)	+2.55%
	市場運用	493,588	−	−	−
	財投債（簿価）	34,422	−	−	−
	財投債（時価）	(35,980)	−	−	−
国内株式		305,809	21.75%	25%(±9%)	−3.25%
外国債券		189,388	13.47%	15%(±4%)	−1.53%
外国株式		310,714	22.09%	25%(±8%)	−2.91%
短期資産		72,351	5.14%	−	−
合　計（簿価）		1,406,271（注）	100.00%	100%	−

（注）積立金142,7兆円との差額は、厚労省の「年金特別会計」で運用しています。

年金積立金管理運用独立行政法人（GPIF）「平成27年度業務概況書」から

資産額は140兆6271億円（簿価）となっています。年金積立金は114兆5000億円ですが、前節約140兆円との差額26兆円は厚生労働省の年金特別会計で管理しています。

年金は「世代間扶養だ」「現役世代がお年寄りに仕送りをしているのだ」と、一般のマスコミも、年金制度の説明では必ずそう言います。年金積立金に触れた記事はほとんど見ません。株で損した、大儲けをしたなどのことが新聞などに出ますがただそれだけのことです。これほど政府・財界にとって都合の良いことはないのです。

年金積立金の問題点が国民の目に触れることがなければ、国民がその使い途に関心を持たなければ、自由に運用できるのですから。それは、同時に「世代間扶養」の名のもとに保険料を上げやすい環境にもなります。

前述したように年金積立金はかつては戦争資金に今は財界資金に利用されているのです。賦課方式を文字道理実現するため年金積立金は1年分だけで十分で、その上で国庫・企業負担を増やすことです。

（8）今回の改革内容

マクロ経済スライドのキャリーオーバー制度の導入―2018（平成30）年4月から現

行のマクロスライドは、年金額が名目を下まわるような削減はしないことになっています。既得権として当たり前のことなのです。賃金や物価の上昇が小さい場合は、スライド調整が限定的です。また、賃金や物価が下落する場合は、スライド調整は行われず、本来行うべきスライド調整は将来へと先送りされます。今回の改革では、物価・賃金下落時に実施しなかった年金額抑制分を上昇時にまとめて抑制するなど「マクロ経済スライド」を強化します。具体的には、名目の年金額を下回る削減ができないので（名目下限）、そのときに調整できなかった未調整分を翌年にキャリーオーバーし、そのキャリーオーバーを賃金や物価が上昇するときにまとめて削減する仕組みです。とにかくあらゆる手を尽くして年金削減を実行しようとするわけです。

なお、実際行われるのは、２０１８（平成30）年の4月からです。

賃金・物価スライドの見直しは２０２１（平成33）年4月実施

年金額の改定は、賃金や物価が上昇する場合は、新たに年金を貰う人（新規裁定者―67歳までの人。）は賃金変動で、既に年金を貰っている人（既裁定者―68歳以降の人。）は物価変動で年金額が改定されます。

現行では、物価が上がっても賃金が下がった場合などは、年金額の改定は行われませんでした。しかし、年金は現役世代の保険料によって支払われていることなどの理由で賃金が物価を下回る場合でも、賃金に合わせて年金額が改定されます。
また、物価より賃金の下落幅が大きい場合は物価に合わせているのを改め、賃金に合わせるようにしました。

❷平成33年4月からの改正

●賃金・物価スライドの見直し

賃金・物価スライドについて、支え手である現役世代の負担能力に応じた給付とする観点から、賃金変動が物価変動を下回る場合には賃金変動に合わせて改定する考え方を徹底できるようにします。

年金は世代間の仕送りであることから、現役世代の負担能力が低下しているときは、賃金変動に合わせて改定

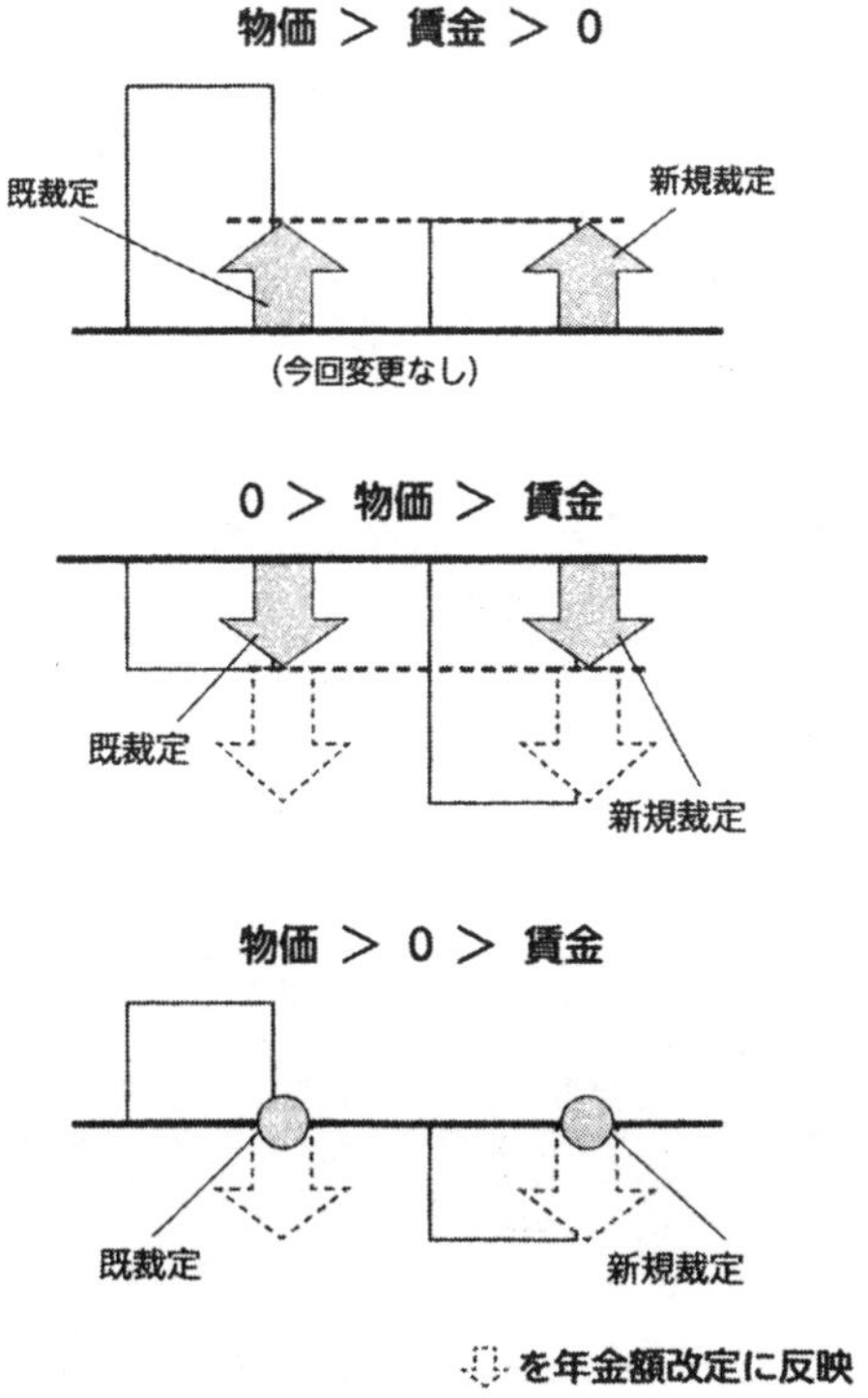

図２　今後の年金改正の予定

● 年金額の改定ルールの見直し

公的年金制度の持続可能性を高め、将来世代の給付水準を確保するため、年金額改定に際し以下のように見直されます。

❶平成30年4月からの改正

●マクロ経済スライドによる調整ルールの見直し

マクロ経済スライドについて、現在の高齢世代に配慮しつつ、できる限り早期に調整する観点から、名目下限措置を維持し、賃金・物価上昇の範囲内で前年度までの未調整分を調整します。

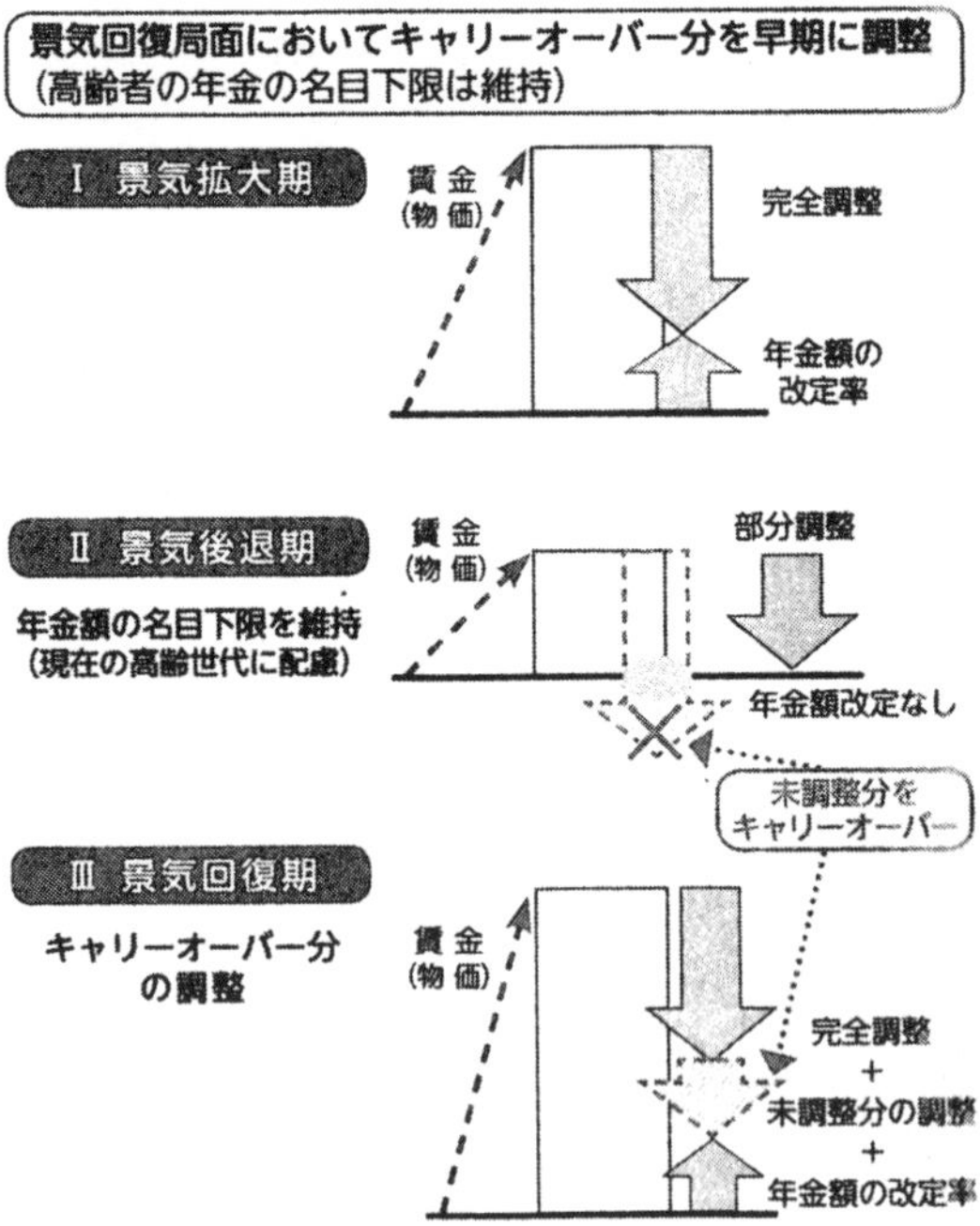

第４章　政府が考える社会保障とは

政府が考える社会保障とはどのようなものか見てみましょう。憲法25条とはほど遠いものです。

２０１３（平成25）年第１８５回国会で「持続可能な社会保障制度の確立を図るための改革の推進に関する法律」が12月５日に成立しました。

同推進法第2条は（基本的な考え方）として次のように定めています。

社会保障制度改革は、次に掲げる事項を基本として行われるものとする。

一　自助、共助及び公助が最も適切に組み合わされるよう留意しつつ、国民が自立した生活を営むことができるよう、家族相互及び国民相互の助け合いの仕組みを通じてその実現を支援していくこと。

二　社会保障の機能の充実と給付の重点化及び制度の運営の効率化とを同時に行い、税金や社会保険料を納付する者の立場に立って、負担の増大を抑制しつつ、持続可能な制度を実現すること。

三　年金、医療及び介護においては、社会保険制度を基本とし、国及び地方公共団体の負担は、社会保険料に係る国民の負担の適正化に充てることを基本とすること。

四　国民が広く受益する社会保障に係る費用をあらゆる世代が広く公平に分かち合う観点等から、社会保障給付に要する費用に係る国及び地方公共団体の負担の主要な財源には、消費税及び地方消費税の収入を充てるものとすること

社会保障を私的保険化

以上「推進法」の考え方を条文で見てみました。一言でいえば憲法第25条で定める社会保障の考えを形骸化し、社会保障を単に私的保険と同じように考え「自助、共助、家族相互及び国民相互の助け合い」としているのです。この考え方は、自助が支配的であった19世紀の産業革命当時の考えそのものです。病気や怪我をする、年をとって生活できなくなったなどの原因で生活できなくなったのは自己責任だ、としたのです。貧困になるのは個人の

責任だ、この考え方が当時のイギリスで支配的でした。そのことは資本家階級にとっては都合が良かったからです。

ところがその考えかたにも限度がありました。救貧法ができたり友愛組合ができ共済組合ができ、社会保険が成立しそして時を経て第２次世界大戦が終わり社会保障制度ができたのです。日本でいえば新憲法ができ25条ができました。しかし、前章で見てきた改革内容は「推進法」として明文化したものといえます。同法は憲法25条を形骸化したもので、憲法違反と考えます。

第5章　日本の年金は世界で23位——中国と韓国の間

1　日本の年金は世界の中でどうなっているのでしょうか

マーサーというグローバル・コンサルティング・ファームによると、「日本の年金制度については、例年指数・ランキング共に大きな変化がなく、制度の安定性はみられるものの、高齢化社会をめぐる課題に対する取り組みなど、引き続き改善の余地があることが明らかになった。日本の総合指数は例年とほぼ変わりなく44・1で、評価はDであった。各項目の指数については、最も低い項目である〝持続性（Sustainability）〟は28・5から26・5（評価E）とさらに下がり、〝十分性（Adequecy）〟の項目は48・8（評価D）、〝健全性（Integrity）〟の項目指数は61・2（評価C＋）とほぼ変化はなかった。」との指摘があります。

以下のとうりランキングは中国と韓国の間です。

マーサー・メルボルン・グローバル年金指数（2015）総合指数によるランキング

●マーサー・メルボルン・グローバル年金指数総合指数によるランキング（2015）

順位	国　名	総合指数	十分性 40%	持続性 35%	健全性 25%
1	デンマーク	81.7	77.2	84.7	84.5
2	オランダ	80.5	80.5	74.3	89.3
3	豪州	79.6	81.2	72.1	87.6
4	スウェーデン	74.2	71.1	72.6	81.5
5	スイス	74.2	73.9	68.4	82.9
6	フィンランド	73.0	70.7	61.8	92.4
7	カナダ	70.0	79.4	56.2	74.3
8	チリ	69.1	62.8	65.0	84.8
9	イギリス	65.0	64.2	51.3	85.5
10	シンガポール	64.7	55.7	65.9	77.2
11	アイルランド	63.1	77.0	36.2	78.5
12	ドイツ	62.0	76.0	36.8	75.0
13	フランス	57.4	77.2	36.6	54.9
14	アメリカ	56.3	55.1	54.4	61.1
15	ポーランド	56.2	61.8	40.6	69.0
16	南アフリカ	53.4	47.3	43.0	77.7
17	ブラジル	53.2	64.6	24.5	75.1
18	オーストリア	52.2	67.6	17.2	76.8
19	メキシコ	52.1	56.4	53.5	43.4
20	イタリア	50.9	68.4	12.1	77.4
21	インドネシア	48.2	41.3	40.1	70.8
22	中国	48.0	62.7	29.8	50.0
23	**日本**	**44.1**	**48.8**	**26.5**	**61.2**
24	韓国	43.8	43.9	41.6	46.8
25	インド	40.3	30.0	39.9	57.6
	平　均	60.5	63.8	48.2	72.6

＊「メルボルン・マーサーグローバル年金指数」は、2009年に11カ国を対象として調査を開始。7年目の2015年の対象国は2009年実施当初の11ヶ国から25ヶ国に拡大、全世界人口の60％近くをカバーしている2009年の当指数調査開始時に調査対象国であった11ヶ国すべてにおいて、2009年から2015年にかけて、退職後の平均余命は16・6年から18・4年へ延びている。

●マーサーは会社概要によると「組織・人事、福利厚生、年金、資産運用分野におけるサービスを提供するグローバル・コンサルティング・ファームです。全世界約20，000名のスタッフが40カ国以上約180都市の拠点をベースに、140カ国以上で、25，000超のクライアント企業のパートナーとして多様な課題に取り組み、最適なソリューションを総合的に提供しています。」と説明しています。

諸外国の年金制度の受給資格期間	
アメリカ	10年相当（40加入四半期） 1000ドル（118,000円）の収入につき1四半期が付与される（最高で年間4加入四半期まで）。
イギリス	なし 2007年の法改正により受給資格期間は撤廃。ただし、1945年4月6日より前に生まれた男性及び1950年4月6日より前に生まれた女性は、旧法が引き続き適用され、年金受給には、それぞれ11年又は9.75年の被保険者期間が必要。
ドイツ	5年
フランス	なし
ベルギー	なし
チェコ	25年 受給資格年齢（61歳10ヶ月、子を養育していない女性60歳）から受給する場合。なお、65歳から受給する場合は15年。
オランダ	なし
カナダ	ＯＡＳ税方式（Old Age Security：老齢保障制度）10年居住 ＣＰＰ（Canada Pension Plan：カナダ年金制度）なし
豪州	ＡＰ税方式（Age Pension：社会保障制度）10年居住 →「10年連続して居住」又は「連続して5年、合計10年」のいずれかを満たすこと。 ＳＧ（Superannuation Guarantee：退職保障制度）なし
韓国	10年
スペイン	15年
イタリア	5年
アイルランド	5年相当（260週） 2012年より10年相当（520週）
ハンガリー	15年
スウェーデン	なし 保証年金については最低3年の居住期間が必要
ルクセンブルク	10年

（以上、日本年金機構［厚生年金・国民年金増額対策室より）

2　具体的に外国とどう違うか
―諸外国の年金受給期間の現状は

前ページ表でドイツは加入期間が5年に満たなかった場合は、年金はもらえませんがそれまでに支払った年金を還付してもらうことができます。普通は再加入して5年を満たせばよいのですが、この還付制度は5年を満たさないまま亡くなった人の遺族にも適用されます。

さてこれが日本だと一時金制度がないので「掛捨て」です。法律が変わって10年で貰えるようになりましたが、10年なければ「掛捨て」です。

(1) 日本の具体例と外国の例

●遺族年金の一例です。

厚生年金の遺族年金を5年間で打ち切り。2004（平成16）年の改悪でそれまで子どもが死亡して妻が1人になれば、厚生年金は終生支給されていました。これを5年間で打ち切りとしました。

例一。子がいない30歳未満の妻が遺族。

遺族基礎年金の権利はないが、夫が厚生年金加入だったので遺族厚生年金がもらえた。しかし、5年間で打ち切り。

例二。夫死亡。18歳未満の子供がいて妻は30歳未満。

遺族厚生年金・基礎年金を受けていて子供が18歳になると遺族基礎年金は権利消滅。遺族厚生年金はこのときから5年で打ち切りとしました。

●寡婦年金

例三。国民年金に40年加入の自営業の人。

夫又は妻が死亡しても遺族年金そのものがもらえません。30年加入でも同じです。但し、25年以上加入していた夫で妻で夫に生計を維持されていて婚姻関係が10年以上ある65歳未満の妻がいてその夫が老齢基礎年金又は障害基礎年金を受けていないときに寡婦年金が貰えます。60歳から65歳までの有期年金です。そもそも遺族基礎年金がもらえないのがおかしいのです。

このような場合ほとんどの人が「掛捨て」になります。

●障害年金

（1）認定の基準はヨーロッパ諸国と比べると、労働能力より機能障害を中心に障害認定が行われているなど、障害者の生活を支援するための障害認定とはなっていない。たとえばクローン病の場合、人工肛門をつけている人が多いのですが、この場合他の病状をあまり見ないで3級と認定してしまったりするケースがあります。たとえば、人工肛門を装着しながら腸の機能は衰弱し食事はほとんど流動食か点滴・「栄養剤」で数年寝たきり状態の人の場合。厚生年金の3級障害年金となった。これはどういうことなのか考えますと、寝たきりなので働けないつまり労働能力はゼロです。「人工肛門装着」だけをみて3級になったのです。2級又は1級であれば障害基礎年金ももらえます。

（2）障害年金は低すぎる

国民年金1級97万5１００円、2級78万1００円です。2級は老齢基礎年金と同じ額ですが、そもそも定額の老齢基礎年金と同じで良いはずがありません。

1級は2級の1、25増しとなっています。国民年金には3級がないのも問題です。

たとえばイギリス。障害年金と障害手当があり、障害手当が28週間支払われた後、障害年金が支払われる。また障害手当は就労不能となった日が男性60歳、女性55歳未満である障害年金受給者に付加して受けられるのです。また65歳で付き添いを必要とする障害にある人に対しては「付き添い手当て」が受けられます。（1）で述べたように労働能力を重視する当たり前の考えで年金が支払われるのです。

さらに、障害年金、退職年金、寡婦給付などを貰っている人には定額の「クリスマスボーナス」が出ます。要するに年金は13ヶ月分支払われるのです。

次はイタリアの例。やはり「クリスマスボーナス」があります。最低保障年金制度もあり、その額まで達しない場合はその額まで補足されます。イタリアの社会保障は財源は主として労使の保険料ですが、使用者の負担割合が３分の２以上であり失業保険、家族手当、結核保険はいずれも使用者全額負担となっているのです。

このように見てくると、「ランキング23の日本」が具体的に分かると思います。

(2) 日本は国民への還元割合は非常に少ない

所得に対する税金及び社会保険料（年金や健康保険や失業保険など）の比率である国民負担率とその税金及び社会保険料が国民へどのくらい戻ってくるかをあらわす還元率をみると次表の通りです。

主要国の国民負担率と還元率

国名	日本	アメリカ	イギリス	ドイツ	フランス	スウェーデン
国民負担率	39.5%	34.9%	48.3%	52.4%	61.2%	64.8%
還元率	24.0%	17.1%	28.1%	38.8%	38.8%	41.5%
還元／負担	60.8%	60.8%	58.2%	74.0%	63.4%	64.0%

税負担が大きいスウェーデンは、同時に国民サービスへの還元率も非常に高いです。

スウェーデンでは20歳以下なら医療費は完全無料、老後の年金額も多く、失業手当も非常に手厚い…等と国民への還元も大きいから、多額の税金を取られてもそれに見合うだけの生活を送れるのです。ちなみに、ほとんどの国民は貯金通帳を持たないことで有名です。

日本の政府は「社会保障のため消費税増税をする」と常に言いますが消費税導入・増税以後社会保障は改悪され続けっぱなしです。

第6章　年金の財源

1　保険料

（1）年金の財源にはまず保険料があります。どうやって決めるかといいますと、生命保険と同じように収支が同じになるように決めます（収支相当の原則）。

予定利率、脱退残存表、給料指数、死亡生残表などです。これらのデータに基づき保険料と給付金が見合うようにするには保険料をいくらにすればよいかを決めます。前述したように5年ごとに財政再検証をしますが、そのときに保険料も決めなおすことがあります。平均余命が伸びればその分年金を支払う期間が延びるし、遺族年金についても同じです。

厚生年金の場合、18・32％（船員・坑内員17・936％）2017（平成29）年10月から18・300％（同18・184％）となっています。そして納められた金額は2014（平成26）年度で26兆3000億円です。

(2) 国・公経済負担

国家予算である一般会計から年金特別会計の厚生年金勘定に入ります。

8兆7000億円

(3) 年金積立金

年金積立金からの受入れはありませんでした。

それ以前の平成23、24、25の各年度とも厚生年金の支払いのため合計25兆8000億円を年金特別会計・厚生年金勘定が受け入れています。なお、27年度も受入れはありません。

2 給付費

保険給付費として23兆3000億円。

前記(1)+(2)=35兆円なので年金積立金から受入れはありませんでした。

以上のとうり、保険料と国の負担金で給付費が賄えたわけです。原因は被保険者が増え保険料が増えたことが大きかったのです。

第7章　年金で生活できない——下流老人の例

1　夫婦2人で月17万円の生活実態

「はじめに」の冒頭で記したように、高齢者世帯の1世帯あたりの年金額平均は月16万7000円です。

著者の1人である私（芝宮忠美）の場合、生活費は夫婦2人で月17万円ですからちょうど当てはまります。自ら「下流老人」を名乗り、老後を生き抜く知恵を駆使してその生活を楽しんでいます。

具体的には、毎週水曜日、金曜日は年金者組合都本部に詰めて電話相談に応じています。相談内容も年金にとどまらず、医療、介護、住宅、生活保護と暮らし全般です。年間の相談件数は約400件に上ります。

《「下流」生活を楽しむ／体験を通して学ぶ》

私は外資系ホテルで働いてきました。海外勤務が30年で、その間の年金がないため、月額7万円という低年金です。妻・雅子（78）の年金と合わせても月17万円です。

足立区の都営住宅に住み、1カ月の生活費は次のとおりです。

生活保護基準相当で暮らす高齢者という基準に当てはまる立派な「下流老人」です。70歳のときに大腸がんの手術をし、妻は週3回人工透析をし、認知症も患っています。

現行の制度を十分に活用している

①医療費

にもかかわらず医療費が月8000円で済むのはなぜか–。

70歳以上になれば、住民税非課税世帯の場合、高額療養費の「限度額適用・標準負担額減額認定証」制度で、月の上限額〔外来〕が8000円です。

70歳以上であれば家族の窓口負担も上限8000円です。

また、妻は人工透析が必要な身体ですが、東京都難病医療費助成制度（マル都）により人工透析は負担額がゼロです。

妻は長い間入院していますが、人工透析が可能な病院が要件となるため、現在の病院は退院転院の繰り返しで8回目です。

②都営住宅の家賃

家賃も都営住宅の場合、非課税世帯は月1万6000円です。これが70歳以上は8000円に減額されます。さらに障害者（妻は障害1級）がいるとさらに半額になり4000円になるのです。

こうした諸制度を調べつくして生活に生かしているのが、私流の「下流老人生活」なのです。

不十分とはいえさまざま制度があって困ったときに調べていくと、何かひっかかるものがありますよ。しかし申請主義ということで、窓口に行って手続きをとらないと役にたたない。制度は複雑でほとんどの人は知らない。解決策があるのに使えない。だから相談してほしいのです。

この自らの体験が相談活動でのアドバイスの原点になっています。

「下流老人」も悪くないものですよ。人間、なんでも安く買うと優越感が持てる。気分が良いと免疫力も下んないしね。お金の価値観も分かる。

年金者組合の仲間と飲みにもいくし、けっこう生活を楽しんでいますよ。

「アハハハ…」。

2　年金裁判

―減額改定は憲法13条、29条に違反―

現在、全日本年金者組合は裁判闘争を行っています。

2000（平成12）年度から14年度にかけて、物価が下落していたにもかかわらず、政府は景気の動向を見て、特例法でマイナスの物価スライドを行わず年金額を据え置きました。

ところがその後、特例法がなければ物価スライドにより年金額は2・5％マイナスされたはずだ、特例法による年金は「特例水準」で支払われているのは貰いすぎだ、だからこれを解消しなければならないとして政府は平成25年度から27年度までの3年間で本来の水準に戻す法律を平成24年11月に成立させました。

現在は特例法のまえの「本来水準」の年金をもらっています。

しかし年金者はそれはおかしい、憲法違反ではないかと怒ったのです。

そして年金裁判が始まったのです。

減額改定は憲法13条、29条に違反するとして全国で裁判闘争が展開されております。

裁判の詳細については字数の関係で紹介できませんが、年金者側の主張は次のとおりです。

「平成24年改正法は事後法による財産権の内容の変更にあたる」。平成13年、14年の特例法附則は、「次の財政再計算までに所要の措置を講ずる」ものとしているが、平成16年改正法がこれに当たる。平成16年改正法は、「特例水準の解消」は、物価上昇局面において物価スライドを行わない形で実施すると定めているが、これは、特例法の趣旨にも合致している。

以上のことから、減額による「特例水準」の解消は行わないということが、法律の内容として確定したのというべきである。

公的年金受給権は憲法29条によって保障される権利である。公的年金の受給権は、高齢者の生存権を実効あらしめるための財産権であり、憲法29条１項により保障される（札幌地裁平成元年12月27日判決・労働判例５５５号14頁）。

それはまた、高齢者が自己の選択にしたがった老後の生活を保障するという点で、憲法13条によっても保障されている。したがって、年金受給権の内容を正当な理由なく切り下げることは、憲法13条、29条に違反する（最高裁大法廷昭和53年７月12日判決・判タ３６５号88頁）。

3 安倍政権の政治を表した記事

―高齢者世帯の個人消費は下押し

次の記事は安倍政権の政治を見事に表しています。

―２０１４年度の消費の落ち込みが予想以上であったことは、給与所得がなく年金で生活している高齢者の影響が見落とされていたことがその一因であったと考えられる。日本の高齢化が進む中で、公的年金給付額の変動が消費に与える影響が増している。２０１３年度末の公的年金支給の対象者数は３，９５０万人で、給与所得者数の約７割にあたり、正規雇用者数（２０１３年平均３，２９４万人）を上回っている。60歳以上無職世帯の公的年金給付額の推移を見ると、２０００年以降減少基調で推移していたが、２０１４年はとくに減少率が大きく、約６％も減少した。年金給付額の減少は消費者マインドにも影響を与え、半年先の消費環境を予想するアンケート回答を指数化した消費者態度指数は、２０１３年後半以降に年金所得層の方が給与所得者よりも大きく落ち込んだ。

今後、マクロ経済スライドが適用されることで物価・賃金の上昇率よりも抑制されるため、高齢者世帯の個人消費は下押しされよう。（三井住友信託銀行 調査月報 ２０１５年７月号か

ら）

個人消費が国内総生産（ＧＤＰ）に占める割合は6割です。年金額が減るということは、可処分所得も減るわけですから買い物を控えることになります。その結果身近な例でいえば町の商店の売れ行きに影響します。その結果商店主も買物を控える、経済のイロハみたいな説明になりましたが、アベノミクス（浜矩子教授に言わせるとアホノミクス）はすでに破綻しているのに、ますます格差を広げ日本経済を破滅させかねない方向に進められています。

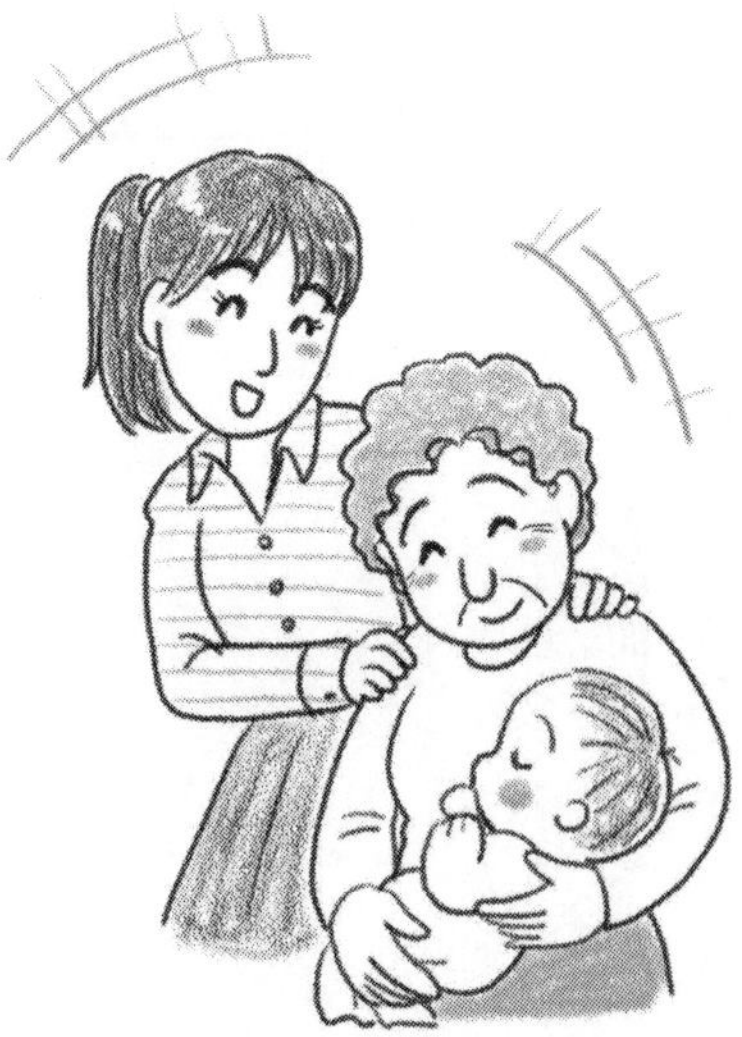

第8章　今の年金のままで良いのか

1　少子高齢化で現役世代が大変—年金者も応分の負担をというが—

２０２５年は団塊の世代が後期高齢者になるから大変だと言う人がいますが、何が大変なのでしょうか。現役世代が高齢者の面倒をみるのに３人で１人の面倒をみる、やがて２人で１人の高齢者を見るようになるので騎馬戦型だとか肩車型になるなどと言われています。

だから高齢者も現役に負担をかけないようにしなければならない、そのために年金削減もやむをえないのだと、政府の主張の根拠はこんなところにあります

2「現役世代が高齢者の面倒をみる」とは—面倒をみるのは高齢者だけではない

「現役世代が高齢者の面倒をみる」ということは、どういうことなのでしょうか。つまり、面倒を見られている人は高齢者だけなのでしょうか。政府や多くのマスメディアはこ

のことにほとんど触れていません。現役世代も高齢者も税金や各種の保険料を払っています。そのなかで、現役世代は厚生年金保険料も払っているわけですが、このことが「高齢者の面倒をみる」ということになるのでしょうか。さらに、高齢者も厚生年金に加入している人もいます。介護や国民健康保険料を払っています。

さて、現役世代を「25歳～64歳」とします。この人たちが面倒を見ているのは、未成年者も当然含まれます。未成年者は幼児からの医療費などのほか義務教育費、高校や大学の教育費として税金が使われています。この場合、当然高齢者の税金も含まれています。ところで、65歳以上と20歳未満の負担関係を見ると、両者の割合は1960（昭和35年）年の時も2025年になったときもほぼ同じであると研究者が発表しています。つまり「25歳～64歳世代の扶養負担はほとんどおもくならない」としています。（経済学者伊東光晴、川口弘、川上則道の各氏。最近では権丈善一慶大教授。）

3　政府の宣伝に惑わされている

少子高齢化が進んだから現役世代の負担がふえるので、高齢者にも負担してもらうという論理は成り立ちません。政府は賦課方式を上手に推進するために、「騎馬戦型」だとか「肩車型」などと言って一方的な宣伝によって国民を惑わしているとしか思えないのです。

その裏には膨大な年金積立金を運用と称して市場に流し大企業の利益を温存し、さらにはＪＰＩＦという天下り先も温存しているのです。委託金融機関に払っている運用手数料だけでも２０１５（平成27）年度末で４０５億円です。またマスメディアにも責任がないとは言えません。

第9章　年金改善の道はある

1　厚生年金の標準報酬月額を健康保険並にする

現在の厚生年金の標準報酬月額は、１等級（８万８０００円）から31等級（62万円）までの31等級に区分されています。さらに賞与もありますが１５０万円が上限です。標準報酬月額に保険料率を乗じた額が保険料です。これに対して、健康保険は第１級の５万８０００円から第50級の１３９万円までの全50等級に区分されています。賞与は５７３万円が上限です。

厚生年金も健康保険並にすれば保険料収入が増えます。具体的には上限をさらに上げることです。62万円以上の人は厚生年金で２１２万人、健康保険では２１５万人いますが、両制度とも法人の役員なども加入対象者になっています。

累進課税・応能負担の原則に基づき、また所得の再配分という意味から厚生年金の上限を１３９万円にすることが望ましいのです。（年収５０００万円の人も２５０万円の人も健康保険では同じ医療を受けて医療費も同じです。これに対して厚生年金は保険料が違えば年金額は違います。同じ保険でもここが違うわけです。健康保険には所得の再配分機能があるのです。厚生年金の側でも「高額所得者」はそうあっておかしくないのです。

2　厚生年金被保険者の数を増やす

従業員500人以下の企業でも労使合意があれば短時間労働者の厚生年金加入が可能になりましたが、これにより被保険者が増えれば保険料収入も増えます。ところで、「未加入企業」はどれくらいあるのかですが、79万社で従業員は300万人です。約250万社のうちの175社ですから、これまで国は何をしてきたのだろうか気になります。

所轄官庁である厚生労働省年金局に聞いてみました。日本年金機構を通じて対策をしているとのことでした。その結果、日本年金機構は2014年に、国税庁から所得税を給与天引きしている企業（約250万社）のデータを入手して調べたところ、厚生年金加入企業は約170万社しかないことがわかった、そこで同機構は該当社にたいして加入促進（文書を出したり訪問したり）をしているとのことです。この対策により加入企業が増え被保険者が増えれば、その被保険者はいずれ年金者になり本人のためにもなるわけです。

厚生年金の加入逃れ阻止　厚労省、79万社特定し強制も企業版マイナンバー活用

「従業員のための厚生年金や健康保険への加入手続きを企業が怠らないように厚生労働省が抜本的な対策を始める。４月から企業版マイナンバー（法人番号）を活用し、２０１７年度末までにすべての未加入企業を特定する。未加入の疑いのある企業は79万社にのぼる。悪質な企業には立ち入り検査を実施して強制加入させる方針だ。」と報道しています。

（2016/2/24 2:00 日本経済新聞　電子版より）

３　国の予算

国の予算を国民中心にすることです。軍事費や無駄な公共事業費よりも社会保障費を厚くして国民所得を増やすようにすることです。

２０１７年度予算は78ページ図のとうり一般会計総額は97兆４５４７億円ですが、そのなかで社会保障が32兆余円に対して軍事費が５兆余円です。

軍事費は５兆１２５１億円で16年度当初予算と比べ７１０億円も増額し、過去最大を更新しました。沖縄県名護市の浅瀬に軍用機オスプレイが墜落しましたが、そのオスプレイの購入費３９１億円などが含まれます。

２０１７年度予算で安倍政権が削減の標的にしたのは、高齢化などで当然に増える社会

5年間で社会保障費カット3兆4500億円以上

	予算編成過程での自然増カット（国費）	計1兆4600億円
13年度	生活保護の生活扶助費削減など	▲2800億円
14年度	診療報酬の実質1.26％減額 生活保護の生活扶助費削減など	▲4000億円
15年度	介護報酬2.27％減額 生活保護の冬季加算削減など	▲4700億円
16年度	診療報酬1.31％減額	▲1700億円
17年度	医療・介護の自己負担の月額上限引き上げ 後期高齢者医療の保険料値上げなど	▲1400億円

	法改悪などによるカット（給付費）	計1兆9918億円
年金	13～15年「特例水準解消」で2.5％減 15年度「マクロ経済スライド」で0.9％減 17年度　物価変動を踏まえ0.1％減 （17年1月確定）	▲1兆2500億円 ▲4500億円 ▲500億円
医療	17年度　70～73歳まで2割負担	▲968億円
介護	15年　2割負担導入 15年　施設の居住費・食費負担増	▲750億円 ▲700億円

※削減額が判明しているものだけを計算

2017年度予算の構成

一般会計総額 97兆4547億円

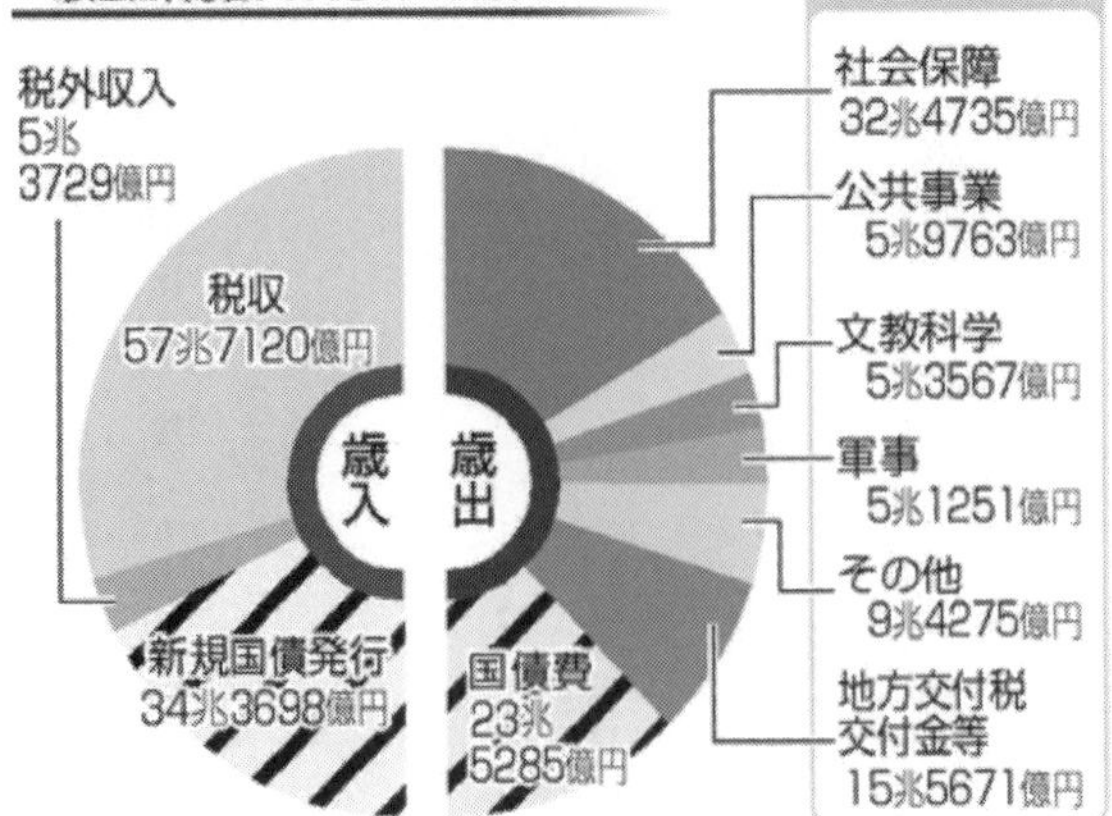

保障費（自然増分）です。

年平均５０００億円への自然増圧縮という「骨太方針２０１５」（15年6月に閣議決定）に沿った「削減額ありき」の機械的な切り捨てです。経団連の榊原定征会長は「社会保障関係費の伸びを５０００億円程度に抑制することができたのは大きな進歩」（２０１６年12月19日）と、削減規模を〝評価〟したように政府と財界が結託した「国民不在予算」であるといえなくもないのです。

社会保障予算を削って軍事費を増やす、このことは国民にとってよいわけはありません。アジアに緊張が高まっている、米軍が自衛隊と海上で軍事演習をする、安倍政権はそのための軍事費を用意する、しかしその結果どうなるのでしょうか。ますます緊張を高めるだけです。同時にその費用は私たちの税金であると同時に社会保障予算を削減した分の税金でもあるのです。さらに言えば沖縄の人たちの反対を押し切り、辺野古の海を埋め立て環境を破壊し、新たな軍事基地を作っています。米海兵隊の前線基地にもなるのです。社会保障と真っ向から対立するのが軍事であることは歴史が証明しています。

第10章　最低保障年金制度の創設が必要

1　老齢基礎年金は100％国の補助で

現在、老齢基礎年金は年間78万100円です。

この財源は保険料と1／2の国の補助です。

全日本年金者組合の場合月8万円、日本共産党は5万円を掲げています。

現在の老齢基礎年金の1／2の国の補助を2／2にすれば78万100円（月6万5000円）は、全額国庫負担の最低保障年金となります。その結果国民年金や厚生年金の低額年金の問題、10年掛けないと1円も年金がもらえないという問題、無年金者の問題、年金の空洞化の問題など、今日の年金制度が抱える諸矛盾を根本的に解決する道が開かれます。

すでに保険料を払っている人は、最低保障年金に納めた保険料に応じた年金が上乗せされます。図4

図４　最低保障年金制度とは?

今まで払った保険料はどうなるの？

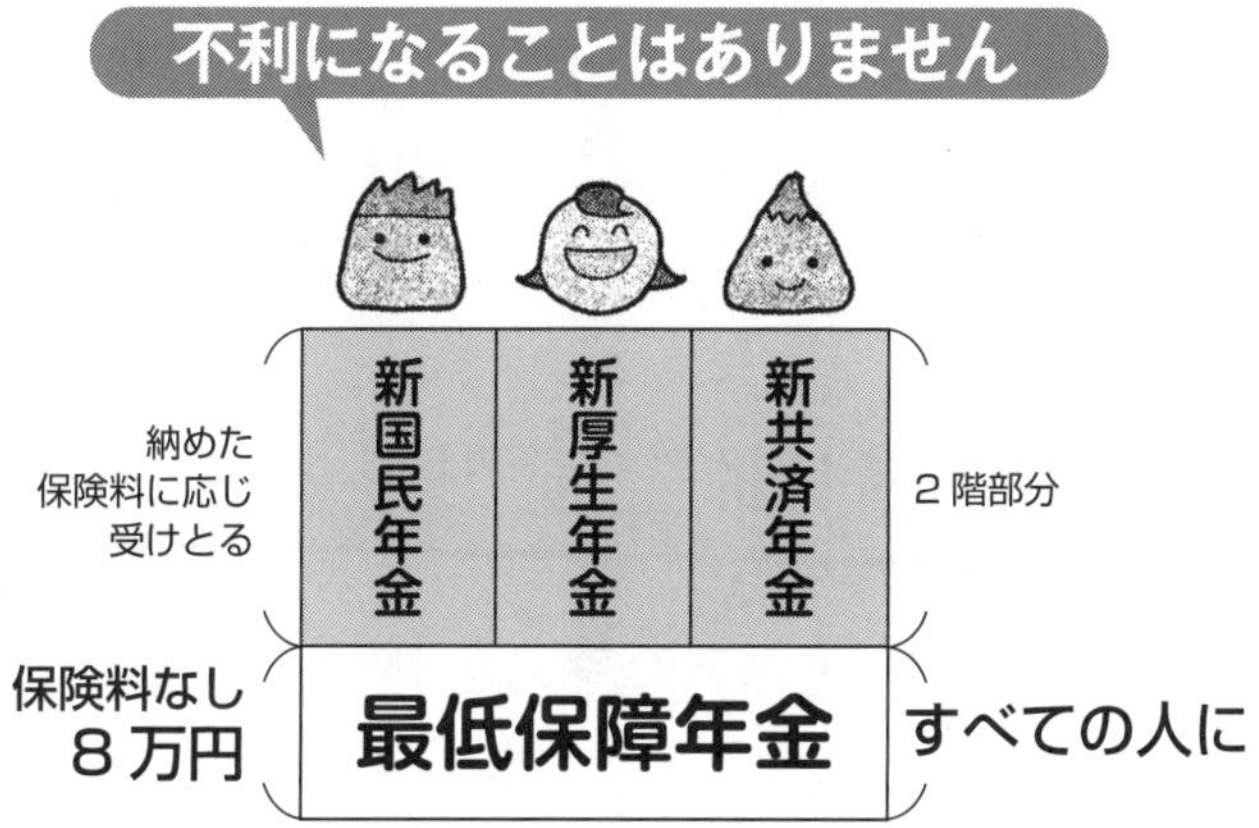

新しい制度のしくみ

年金者組合が提案する最低保障年金制度は、全額国庫負担で、保険料なしの最低保障年金を １ 階とし、納めた保険料に応じて受けとる「拠出年金」を２階とする２階建ての年金制度です（図）。

これまでに納めた保険料については、国民年金は「新国民年金」に、厚生年金や共済年金は、「新厚生年金」や「新共済年金」に反映され、不利になることはありません。

――年金者組合のパンフレットから――

さらに政府・与党のような現行年金制度の枠内でのつじつまあわせでなく、人間らしい労働のルールづくりや、少子化の克服など、社会や経済の仕組みそのものを変えることがどうしても必要です。

大企業の負担をヨーロッパ諸国の水準並みに近づけることで、「最低保障年金制度」を持続させることは、十分に可能です。大企業が年金をはじめ社会保障に応分の負担をして、その社会的責任を果たすことは当然であり、そうしてこそ経済も社会も真に持続可能になります。

2　年金積立金は報酬比例（2階部分）の財源に

「100年安心年金」は2050年には335兆円まで増やし続け、そこからようやく減少に転ずるというものです。すでに破綻した「100年安心年金」の状況下、いまこそ年金積立金は最低保障年金制度の財源として活用します。

おわりに

現在の基礎年金制度が創設されたとき、それまで国民年金25年加入で月4万8050円、40年加入で7万6875円だったのを40年加入で月5万円にしてしまった、あるいは企業年金の場合、退職金を年金でと考えて企業に預けたが、その後基金が不足したとの理由で企業年金が減額されてしまった、このようなことを本編で記しました。普通に考えたら許されることではありません。あまりにも理不尽です。

私たち3人は長い間年金相談をやってきています。

3人とも75歳以降の年代ですので、長い間あらゆる相談に応じてきました。

ところで、国は私たちの年齢を「後期高齢者」として医療分野では都道府県別に区分けをして住んでいる都道府県によって保険料が違うという仕組みに組み込んでしまいました。つまり後期高齢者医療制度はそれまでは健康保険や共済組合の被扶養者扱いとなっていて、保険料負担がなかった人でも、同制度に組み込まれた途端に保険料の負担が生じるようにさせられているのです。

たとえば、被保険者1人あたりの月額平均保険料（平成26・27年度）は東京都8097

円、神奈川県７５０７円、千葉県５６２２円です。医療費がかかる県ほど保険料も高くなります。本文で述べたように「相互扶助」の考え方がここでも実施されているのです。社会保障は年金・医療・介護と言われていますが後期高齢者医療制度を見ただけでもこのような理不尽な仕組みになっています。

今回、私たちは年金問題に絞ってこの本を書きました。

さて、夏野さんは社会保険労務士であると同時に中小企業診断士でもありますので経験豊富で多くの人から信頼されています。

また芝宮さんは外資系のホテルで長い間海外勤務の経験を持っていて、日本人離れした社交家でもありますので相談者から人気が高いのです。

都内を所狭しと、どこえでも飛んで行きます。

私も含めて相談を通じて年金制度の「理不尽さ」を肌で感じています。

そしてこのことを多くの人に知ってもらいたいという気持ちが高まり、出版しようということになりました。

幸い「本の泉社」比留川社長が私たちの願いを聞いてくださいました。

心から感謝いたします。（渡辺穎助）

参考にした文献

「年金の話」（松本浩太郎著・日本経済新聞社）「企業年金の知識」（村上清著・日本経済新聞社）「新年金法・61年金改革解説と資料」（吉原健二社会保険庁長官編著・全国保険協会連合会　「厚生団30年史」（財団法人厚生団編）「週刊社会保障１９９６年10月１日号」「財団法人厚生団編厚生年金制度回顧録（社会保障法規研究会１９８８年）「共済年金事務の手引」（編者、国家公務員共済組合連合会）「粉飾国家」（金子勝著・講談社現代新書）「新版社会保障」（吉田秀夫著・労働旬報社）「経済」（２００１年12月号および２００４年３月号の工藤恒夫中央大学教授―資本主義と社会保障―新日本出版社）「世界の社会保障」（柴田嘉彦著・新日本出版社）「年金の根本問題とその解決の道を考える」（小越洋之助共著・あけび書房）「年金をとりもどす法」（社会保険庁有志労務士・講談社現代新書）「日本の社会保障をどう再建するか」（三成一郎著・新日本出版社）「年金問題は解決できる」（鈴木亘著・日本経済新聞社）「年金の教室」（高山憲之著・ＰＨＰ研究所）「ちょっと気になる社会保障」（権丈善一著・勁草書房）「アベノミクスの真相」（浜矩子著・中経出版）「ゆたかなくらし」（２０１７／１　編集・全国老人福祉問題研究会・発行　本の泉社）「文化連情報２０１７年２月号」（日本文化厚生農業共同組合連合会）

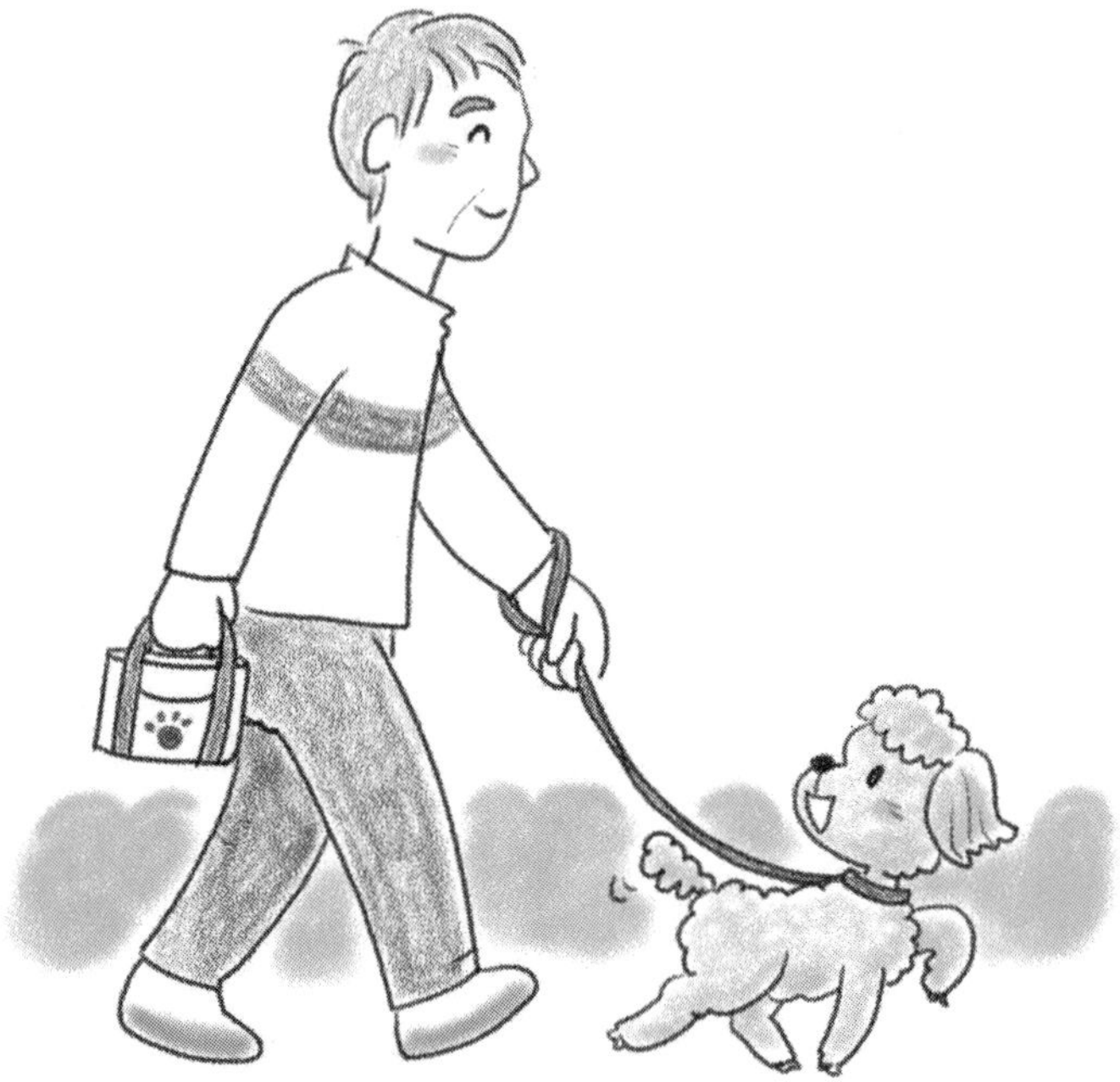

執筆者紹介

夏野　弘司（なつの　ひろし）

社会保険労務士・企業年金の受給権を守る連絡会代表世話人。神奈川県年金者組合所属

芝宮　忠美（しばみや　ただよし）

東京都年金者組合本部相談室長。東京都年金者組合所属

渡辺　穎助（わたなべ　えいすけ）

社会保険労務士として全日本年金者組合創設時中央本部で政策委員として要求案作成に参加。東京都年金者組合所属

貧しい日本の年金の実態、これで良いのか 世界で23位—中国と韓国の間

2017年 7 月24日 初版第1刷
2017年11月25日 第2刷

著 者 夏野弘司・芝宮忠美・渡辺穎助
発行者 比留川 洋
発行所 株式会社 本の泉社
〒113-0033 東京都文京区本郷2-25-6
電話 03-5800-8494 FAX 03-5800-5353
http://www.honnoizumi.co.jp/
ＤＴＰ 株式会社西崎印刷（池松浩久）
印刷製本 中央精版印刷株式会社

ISBN978-4-7807-1632-0 C0036